本书为湖北省教育厅人文社科研究项目『《中庸》在英语世界的传播与接受』研究成果

《中庸》在英语世界的传播与接受

江晓梅 著

武汉大学出版社
WUHAN UNIVERSITY PRESS

图书在版编目(CIP)数据

《中庸》在英语世界的传播与接受:汉、英/江晓梅著.—武汉: 武汉大学出版社,2020.6(2022.4 重印)
ISBN 978-7-307-21384-5

Ⅰ.中…　Ⅱ.江…　Ⅲ.①儒家—汉、英　②《中庸》—研究—汉、英
Ⅳ.B222.15

中国版本图书馆 CIP 数据核字(2019)第 290805 号

责任编辑:罗晓华　　责任校对:汪欣怡　　版式设计: 马　佳

出版发行: 武汉大学出版社　(430072　武昌　珞珈山)
(电子邮箱: cbs22@ whu.edu.cn　网址: www.wdp. com.cn)
印刷:武汉邮科印务有限公司
开本:720×1000　1/16　印张:9.5　字数:130 千字　插页:1
版次:2020 年 6 月第 1 版　2022 年 4 月第 2 次印刷
ISBN 978-7-307-21384-5　定价:25.00 元

前　　言

对《中庸》在英语世界的传播与接受进行探究，既可以从宏大叙事的角度探究《中庸》传播与接受发展历程中的方方面面，也可以专注于梳理 200 年以来《中庸》在英语世界的译介与接受状况，探究《中庸》译本在英语世界的发生、发展的实践过程，以更好地把握汉语典籍的传播路径及其接受逻辑理念。本研究对 200 年以来的《中庸》英译本进行梳理和分析，探究译本发生发展原因、译本翻译特色及其他相关因素，分析《中庸》在英语世界的传播脉络，同时结合专业读者及普通读者反馈、出版社发行情况等进行分析，探讨其在英语世界的接受状况。

本研究发现《中庸》在英语世界的传播与接受主要基于原文作品—译介—接受的逻辑路径，通过翻译《中庸》使其在英语世界得到传播，并为读者阅读和接受。《中庸》在英语世界的传播与接受主要表现在如下几个方面：

1. 借助英译《中庸》，推进基督教传教事业的发展。柯大卫(David Collie)、理雅各(James Legge)的《中庸》翻译活动深刻地烙印上其所持有的宗教立场与思想，他们更倾向于用基督教的思想诠释《中庸》及其他汉语典籍，以迎合他们所处时代读者的阅读需求。这段时期的《中庸》译本读者除了来华传教士、即将来华传教士和在华学习英文的中国学生(未来的传教士)这些特殊读者之外，还有对中国哲学、中国文化怀有浓厚兴趣的专业读者和普通读者。特殊读者学习《中庸》是为了知己知彼，认识中国本土文化，传承光大传教事业。普通读者更多地是通过阅读译本，满足其对东方文化的好奇，从汉字的文字形态到文字传达的内容，形成一个基本的感性认识。专业读者则多从其学术立场和政治立场，甚至是宗教传播立场看待《中庸》英译。

2. 以译介《中庸》为手段，以传播儒学思想为目的，促进人们反思现代文明的价值与意义。以辜鸿铭（Ku Hung Ming）、林语堂、休中诚（Ernest Richard Hughes）、庞德（Ezra Pound）等为传播主体的译者经历了现代人类历史上的两次世界大战以及世界性经济危机，残酷的现实促使他们反思西方现代文明的本质，他们希望通过英译《中庸》传播儒学思想，敦促人们反思现实，寻求新的精神出路。本阶段《中庸》出版社不再单一，呈现以英国为中心，辐射至美国和加拿大，多家出版公司参与的态势，汉语典籍开始获得西方出版界的关注。读者对本阶段《中庸》译本的反映较为多元化。专业读者对译文的忠实度、术语翻译、文体风格、注释等提出更高要求，普通读者则更关注译本的叙述方式、语言表述、译文可读性等，无论是专业读者还是普通读者都对本阶段的《中庸》译本持积极肯定的态度。

3. 注重对《中庸》进行全新解读，探究其蕴涵的新的哲学意义。以翟楚（Ch'u Chai）与翟文伯（Winberg Chai）、陈荣捷（Wing-Tsit Chan）、安乐哲（Roger T. Ames）与郝大维（David L. Hall）、浦安迪（Andrew H. Plaks）、莫兰（Patrick Edwin Moran）等为代表的《中庸》传播主体，更倾向于从中西哲学对比视阈译介和研究《中庸》，反思儒家思想与西方哲学思想的异同，深度解析《中庸》思想与现代生活的关系，探究中国儒家哲学的新意义。本阶段《中庸》传播形式倾向于多元化，不仅有以出版学术研究成果、推广经典作品为导向的知名出版社参与，还有以普及儒学知识、面向普通读者的新兴出版社积极参与；不仅有纯文字纸质版《中庸》译本，还出现了绘画本、电子媒介读物等形式，充分体现了信息时代媒体的互动性、快捷性、多元性和大众性的特点，共同推动《中庸》在英语世界的传播。本阶段专业读者注重译本的创造性解读与翻译、译本注释的丰富性、术语英译、文字的流畅度等，普通读者则更关注译本的语言表达与可读性等方面。总体而言，读者的评价大多积极肯定，态度辩证客观。

《中庸》作为一部重要的中国哲学著作在汉语典籍中占据举足轻重的地位，梳理和探究《中庸》译本在英语世界的发生、发展及其传播影响，对于汉语典籍英译本语料库建设，丰富汉语典籍外译史以及《中庸》外译史的研究，了解英语国家如何认识汉语典籍思想与文化有着积极的意义。

目　　录

第一章 绪　　论

第一节 选题缘起

《中庸》出自《礼记》，后为儒学大师朱熹推崇，独立成篇，与《论语》《大学》《孟子》并称为“四书”。《中庸》被认为是“在整个古代儒家的文献中‘最’具有哲学性的”著作，① 在中国思想史上占据十分重要的地位。然而，在汉语典籍对外传播的历史中，相比其他典籍如《老子》《论语》《大学》等在国外的传播与接受的程度而言，《中庸》的传播与接受却显冷清。截至本书撰写之际，从国家图书馆和国外相关图书馆查询的《中庸》译本目录有 17 本，其中笔者收集的《中庸》译本有 14 本，包括一本节译本，一本编译本。从目前收集的《中庸》传播与接受资料看，无论是西方学者还是中国学者，他们对《中庸》英译历史鲜有著述，正如有学者指出“西方翻译史学家关注外译英的翻译史，却对中国典籍英译史存而不论；中国翻译史学家关注外译中的翻译史，对中国典籍英译史的研究也是寥寥无几”②。本书认为有必要梳理《中庸》在英语世界的译介，探究《中庸》在英语世界的传播与接受，以促进对《中庸》英译的

① Wing-Tsit Chan. *A Source Book in Chinese Philosophy*[M]. Princeton: Princeton University Press, 1969: 96.

② 杨静. 从中西翻译史研究现状看中国典籍英译史的研究方向[J]. 外语教学, 2016(3): 109.

认识和研究，这对于研究汉语典籍对外传播与接受具有重要的意义。

笔者依据中国知网(CNKI)、中国国家图书馆电子资源库、中国高校人文社会科学文献中心(CASHL)等数据库检索了相关研究成果。在知网输入主题词"《中庸》、英语世界、传播、接受"后，检索结果为零；为了扩大检索范围，笔者输入与《中庸》传播与接受主题相近的"《中庸》、传播""《中庸》、英译"二组主题词，检索到相关信息。

在知网①输入主题词"《中庸》、传播"，获得自2000年以来相关研究成果，共计100条结果(包括期刊论文、硕士博士论文、会议论文、报纸)，主题分布如下图所示：

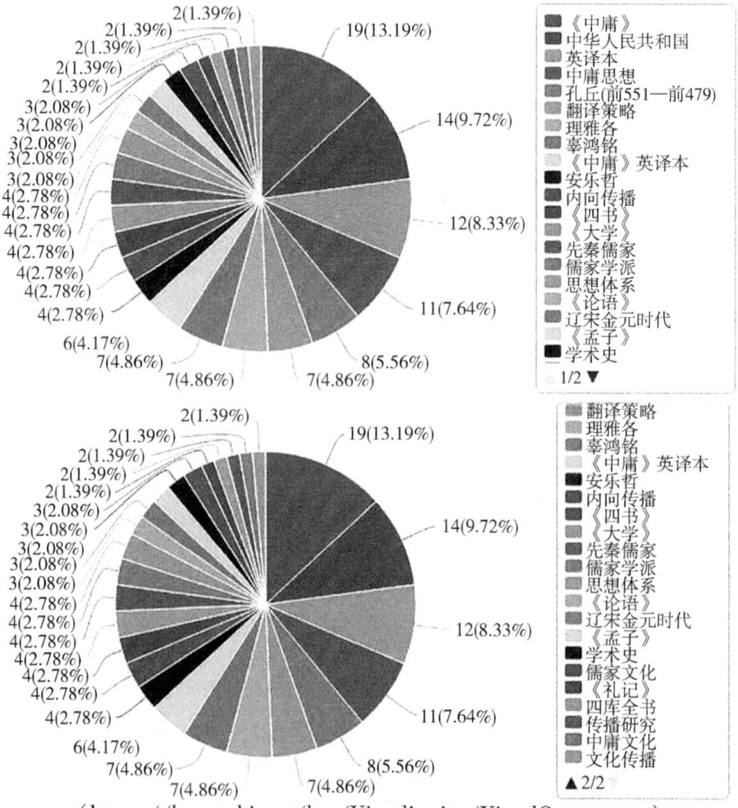

(http：//kns. cnki. net/kns/Visualization/VisualCenter. aspx)

① http：//kns. cnki. net/kns/Visualization/VisualCenter. aspx.

本图显示，涉及《中庸》对外传播相关研究的成果主要为《中庸》英译本研究(18 篇)、《中庸》思想研究(11 篇)、辜鸿铭译本研究(7 篇)、理雅各译本研究(7 篇)、安乐哲译本研究(4 篇)等，还有少部分涉及儒家文化、《中庸》文化、先秦思想、《中庸》等。

以时间段统计的相关研究成果发表趋势如下图所示：

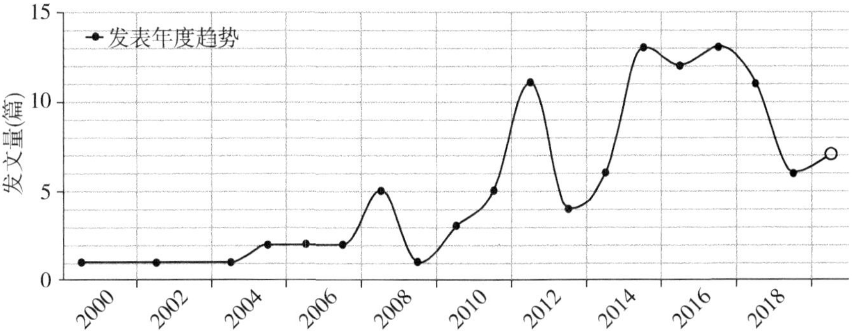

(http：//kns. cnki. net/kns/Visualization/VisualCenter. aspx)

本图显示，2000 年至 2018 年之间，《中庸》相关研究成果年度发表量从 2006 年开始出现增加趋势，2007 年达到一个小高峰，年度发表 5 篇相关研究成果，之后出现下降趋势，2008 年跌至谷底。之后开始出现增加趋势，2011 年达到一个新高峰，年度发表 11 篇研究成果，之后呈现下跌趋势。2013 年后又逐渐增加发表量，2013—2016 年再次出现新高峰，年度发表 12～13 篇，之后开始呈现下降趋势，2018 年发表相关论文 6 篇，与 2013 年持平，总体上呈波浪形缓慢发展趋势。

在知网输入主题词“《中庸》、英译”后，获得自 2003 年以来相关研究成果 83 条(包括期刊论文、硕士博士论文、会议论文、报纸)，主题分布如下图所示：

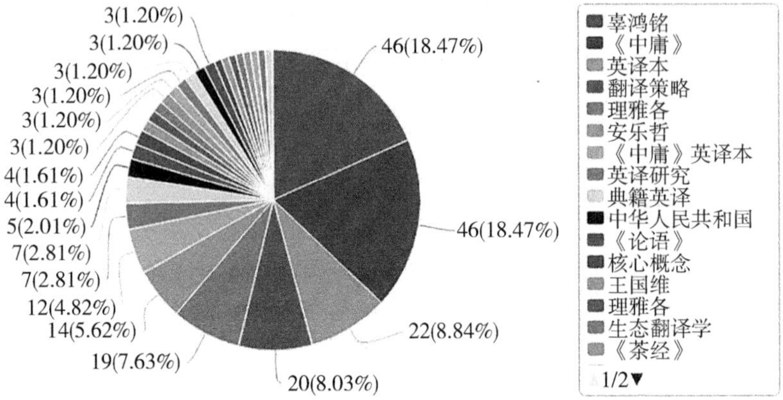

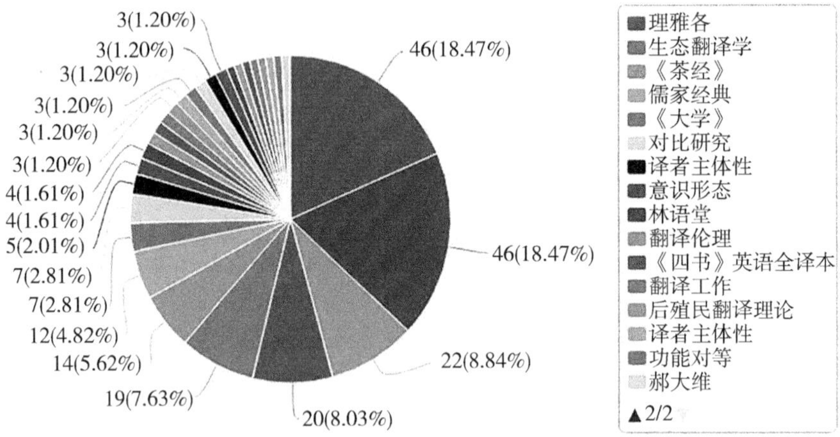

(http://kns.cnki.net/kns/Visualization/VisualCenter.aspx)

本图显示，自2003年以来，《中庸》英译研究主要表现为对译者、译本的分析，如辜鸿铭《中庸》英译研究(46篇)、理雅各《中庸》英译研究(19篇)、安乐哲《中庸》英译研究(14篇)，还有从生态翻译学(3篇)、功能对等理论(3篇)、后殖民翻译理论(3篇)、译者主体性(3篇)等方面进行的研究等。

以时间段统计的相关研究成果发表趋势如下图所示：

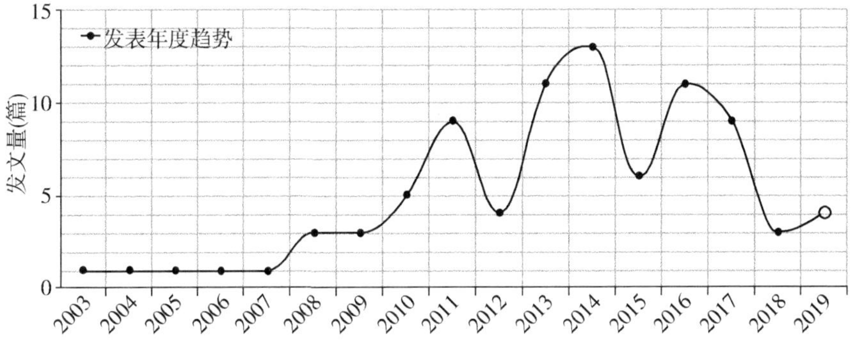

（http：//kns. cnki. net/kns/Visualization/VisualCenter. aspx）

本图显示，2003 年至 2007 年期间，每年发表相关研究成果 1 篇；2007 年至 2011 年期间，《中庸》英译研究开始呈现向上发展趋势，2011 年达到第一个高峰，年度发表 9 篇相关论文；2013—2014 年达到最高峰，2014 年发表相关论文达到 13 篇，之后呈波浪形下降趋势，2016 年发表 11 篇，2018 年发表相关论文 3 篇，与 2008 年持平，《中庸》英译研究总体呈平缓下降趋势。

检索数据显示，《中庸》在英语世界的传播与接受相关研究成果极为有限，研究主题主要集中于《中庸》英译者的翻译思想、翻译策略以及核心术语英译等方面的探讨。王辉①认为，辜鸿铭英译《中庸》及其他儒家哲学经典带有强烈的现实目的，渗透了译者本人强烈的个人情感和思想，拟通过英译《中庸》向西方世界传递儒家思想，特别是儒家道德文明观，使西方读者认真反思他们在中国的野蛮行径。王辉②还从后殖民主义视角分析辜鸿铭的翻译实践，指出 19 世纪末期至 20 世纪初期，汉学西渐的主要传播者为西方传教士，他们的翻译实践深深地烙印了其特殊的宗教和殖民者思维特征，而辜鸿铭的《中庸》译作不为原文文字

① 王辉．辜鸿铭英译儒经的文化用心——兼评王国维“书辜氏汤生英译《中庸》后”[J]．外国语言文学(季刊)，2006(3)：186-191.

② 王辉．后殖民视域下的辜鸿铭《中庸》译本[J]．解放军外国语学院学报，2007(1)：62-68.

所束缚，广泛引证西方文史哲经典格义《中庸》，借助译本重构儒家文化道德哲学思想，抨击西方文明的虚伪、自私与残酷，在很大程度上颠覆了汉学典籍在西方读者中的认知，彰显了译者的主体性，助力普及《中庸》的思想价值。宋晓春①对辜鸿铭《中庸》译本正文以及副文本进行细致研读，指出辜鸿铭通过英译《中庸》，宣扬其道德哲学内涵，认为中华文明的道德才是真正拯救世界的文明原则，无论是前言、注释、附录还是核心术语的英译，处处都成为辜鸿铭宣扬道德哲学的战场，英译《中庸》已然不再是单一的信息传递，而是成为译者宣扬个人主张，建构个人哲学思想的领地。殷丽②就王国维和林语堂针对辜鸿铭《中庸》英译本截然不同的评论进行了剖析，指出王国维在哲学思想视阈下考察辜鸿铭的《中庸》英译本，强调译著对原文的忠实，忽略了辜鸿铭作为译者主体对原文诠释的主观能动作用。林语堂则更加认同辜鸿铭英译儒经的文化用心，赞赏辜鸿铭以目的语读者为导向的翻译策略，肯定辜鸿铭英译《中庸》的原则与方法。作者指出不同的翻译批评主体由于受其学术背景和学术倾向的影响，在评价同一译本时，易产生不同的理解，从而导致不同的解读，呈现迥异的评论。钱桂荣、钟克万③认为当前对辜鸿铭《中庸》译本研究成果不丰富，研究视角单一，过多关注译本分析，缺乏对译者更广泛背景的考察，忽视了其对中华文化对外传播的贡献，建议加强对辜鸿铭《中庸》译本的研究，多角度考量其对中华文化对外传播的贡献。

---

① 宋晓春．论辜鸿铭《中庸》英译本中道德哲学的建构[J]．湖南大学学报(社会科学版)，2017(1)：97-102.

② 殷丽．翻译批评主体的视角差异性研究——以王国维、林语堂对辜氏《中庸》译本的批评为例[J]．外语研究，2014(4)：88-92.

③ 钱桂荣，钟克万．辜鸿铭英译儒经研究：回顾与展望[J]．武汉大学学报(人文科学版)，2010(6)：774-778.

宋晓春[①][②]认为辜鸿铭、庞德、安乐哲与郝大维、浦安迪、迦达纳在英译《中庸》的过程中充分运用译本前言、注释、附录等副文本，体现了深度翻译在英译典籍中的重要作用，表现了译者诠释《中庸》的不同路径：辜鸿铭重道德哲学的建构，安乐哲与郝大维注重过程哲学诠释路径，庞德尝试运用新柏拉图哲学诠释儒家思想，浦安迪重构诗学路径，迦达纳探索经典史学路径。作者指出无论采用何种路径诠释及英译《中庸》，都应该适度诠释，尽可能准确地将原文思想文化含义传递至目的语读者。谭晓丽、吕剑兰[③]通过对国外学术期刊对安乐哲英译中国典籍的评价进行分析，指出安乐哲的汉语典籍英译倍受国内学术界好评，但是国外学术界却存在不同的看法，认为其过度诠释《中庸》文本，核心术语英译存在模糊隐晦的倾向。作者认为英译《中庸》及其他汉语典籍应注重目的语读者的阅读需求，同时加强中西学者对话，提高汉语典籍的接受度。杨静[④]梳理了20世纪以来美国儒学英译历史，特别对陈荣捷、安乐哲与郝大维、庞德的"四书"英译进行了深入探讨，提出了"文本中心"和"文本相关"翻译范式，指出"文本中心"翻译范式强调对源语文本的忠实，彰显文化差异，突出中国文化特色，应该是英译儒学经典的首选范式。"文本相关"翻译范式在特殊的文化背景中则有利于目的语读者理解和接受原文意义，二种方式各有特点，并不具有唯一性。作者认为应加强中国典籍对外传播历史的研究，从中西文化交流史和汉学史中挖掘和整理相关资料，丰富汉语典籍对外传播历史研究。

江晓梅对《中庸》系列核心术语英译进行了探讨。江晓梅认为"天"是一个复杂多义的概念，既可以表示自然的、物理的空间，也可以是被

---

① 宋晓春. 论典籍翻译中的"深度翻译"倾向——以21世纪初三种《中庸》英译本为例[J]. 外语教学与研究(外国语文双月刊)，2014(6)：939-948.

② 宋晓春. 阐释人类学视阈下的《中庸》英译研究[D]. 湖南大学，2014.

③ 谭晓丽，吕剑兰. 安乐哲中国哲学典籍英译的国际译评反思[J]. 南通大学学报(社会科学版)，2016(6)：81-87.

④ 杨静. 美国二十世纪的中国儒学典籍英译史论[D]. 河南大学，2014.

赋予了人格意志或伦理道德的权威力量象征，还可以指行政国别、国土的概念，将“天”译作“God”“Heaven”“Providence”“Nature”“Tian”等难以将“天”的复杂含义传递出来。“诚”既有合乎中道的意义，还有“生成、发展、完成”等含义，如果将“诚”译为“sincerity”“true”“truth”“real”“realness”“creativity”，都只是翻译了“诚”的部分意义，其中存在“对西方思维的”迁就的现象。① 作者指出英译《中庸》之类的中国哲学典籍需要重点关注核心术语英译，准确把握核心术语基本含义，既要“避免中国的古代经典思想文化被西化或被基督教化，也要避免教条、生硬地翻译这些经典思想”②。侯健考察了安乐哲与郝大维《中庸》译本，探讨其《中庸》译本中的核心哲学概念英译问题，指出为使目的语读者感知中国思想文化的意义，促进汉语典籍术语被理解、被接受，对原文进行适度的操纵是一个必然的过程，有助于译本的传播与接受。③

从现有研究成果看，《中庸》对外传播与接受未得到学术界足够重视，研究成果极为有限，研究视角较为单一，更多地局限于单个译者、单个文本的分析，对译者和译本的分析又主要集中于对理雅各、辜鸿铭、安乐哲和郝大维等译本的分析，其余译本并未得到足够重视。此外，缺少纵向系统地梳理和分析《中庸》在英语世界的传播与接受，缺乏对近200年来《中庸》英译本的归纳与整理，关于英语世界对待《中庸》的接受的研究几乎处于空白。再就是缺少跨学科的联系与合作，鲜有哲学、史学、文学、语言学等方面的学者合作参与《中庸》对外传播与接受研究，在一定程度上制约了研究的深入发展和研究视角的拓展。这种学术现象的原因应该是多方面的，既有我们自己对中国典籍英译历

---

① 江晓梅.《中庸》“诚”概念及其英译比较分析[J]. 中华文化论坛，2015(2)：41.

② 江晓梅.《中庸》核心概念“天”的英译对比分析[J]. 湖北大学学报(哲学社会科学版)，2013(6)：134.

③ 侯健. 相遇在濠梁之上：再论安乐哲与郝大维的《中庸》英译[J]. 外国语，2016(1)：81-86.

史的忽略和轻视，也有对中国文化“走出去”的一种不自信。《中庸》作为儒家哲学的一部重要著作，其在英语世界的传播与接受的确值得深入探究。

第二节　研究问题及意义

基于以上认识，本研究认为对《中庸》在英语世界的传播与接受进行探究具有重要的学术意义，既可以从宏大叙事的角度探究《中庸》传播与接受发展历程中的方方面面，也可以专注于梳理近200年来《中庸》在英语世界的译介并探究其接受状况，丰富中国典籍对外传播与接受的研究。本研究将重点对近200年来《中庸》英译本进行梳理和分析，探究译本发生发展原因、译本翻译特色及其他相关因素，分析《中庸》在英语世界的传播脉络，同时结合专业读者及普通读者反馈、出版社发行情况等进行分析，探讨其在英语世界的接受状况。

《中庸》作为一部重要的中国哲学著作在汉语典籍中占据举足轻重的地位，由于其本身意义复杂深奥，再加上历史、文化、宗教等因素的作用，《中庸》对外传播研究显得异常萧条。本研究有助于梳理《中庸》译本在英语世界的发生、发展及其传播影响，对于汉语典籍英译本语料库建设，对于丰富汉语典籍外译史以及《中庸》外译史的研究有着积极的意义。另外，对《中庸》在英语世界的接受状况进行探究，有助于了解英语国家如何认识汉语典籍思想与文化，这些典籍在传播过程中如何被重新诠释、被接受，从而深入了解汉语哲学典籍英译本的发生、发展的实践过程，为我们更好地把握汉语典籍的传播路径及其接受逻辑理念提供积极的参考。

第二章　1820年至1900年期间《中庸》在英语世界的传播与接受

19世纪中期，鸦片战争爆发，清朝对外大门被迫开启，西方的枪炮携带着其文化开始进入中国。从西学东渐至东学西渐，中西文化交流在这种特殊的历史文化环境中逐渐展开，其中传教士作为西方文化输入的一股重要势力在其间扮演了重要的角色。他们在推广和引介西方基督教、科技、哲学的同时，也向西方世界推介中国思想文化。19世纪中后期，一批批西方传教士千里跋涉来到中国传播基督教，他们刻苦学习汉语，了解中国文化，拟以更富有成效的方式传播基督教思想；同时积极教授中国学生学习英语，培养接班人，以使基督教思想在中国的传播绵延不断。在此背景下，部分传教士的汉语语言能力获得惊人发展，开始尝试英译汉语典籍。1820—1900年期间，柯大卫(David Collie)和理雅各(James Legge)凭着深厚的汉语修养，将《中庸》及其他汉语典籍译作英文文本，将其推广至英语世界，为《中庸》及其他汉语典籍在英语世界的传播作出了积极贡献。本章将重点梳理1820—1900年期间《中庸》在英语世界的译介，探究其间《中庸》接受状况，归纳和总结相应的特点。

第一节　1820年至1900年期间《中庸》英译

1820—1900年期间，英国传教士柯大卫和理雅各将“四书”及其他汉语典籍英译至西方，成为《中庸》最早的英译者，他们的英译实践在《中庸》对外传播中具有重要的意义，对于我们理解《中庸》如何首次在西方世界生成和发展具有重要的参考价值。

一、柯大卫(David Collie)的《中庸》英译

(一)译者简介

关于柯大卫的生平资料非常稀少，其出生年月、教育背景及传教事迹也只能根据极为有限的资料推断。柯大卫①(David Collie, 1791—1828)是英国传教士，于19世纪初期前往马六甲传教，曾任英华书院(Anglo-Chinese College)②第三任院长。依据相关专家考证③，柯大卫1791年出生于苏格兰北部金卡丁(Kincardine Bajan)，1817—1818年就读于阿伯丁大学国王学院，后在戈斯波特神学院(Gosport Academy)接受传教士培训。1821年被伦敦会遣往马六甲传教，1822年抵达马六甲并跟随罗伯特·马礼逊(Robert Morrison)④学习中文，1824—1828年任职于英华书院，受聘担任英华书院中文教授。自1827年担任英华书院第三任院长。1828年病逝，时年37岁。1928年柯大卫所译《被称作四书的中国经典》(*The Chinese Classical Work Commonly Called the Four Books*)在马六甲出版。在中文学习方面，由于得到罗伯特·马礼逊的悉

---

① David Collie被译作高大卫、科大卫、柯大卫、大卫·科利等，本书统一采用柯大卫表述。

② 英华书院(Anglo-Chinese College)由伦敦传道会传教士罗伯特·马礼逊(Robert Morrison)和威廉·米怜(William Milne)创办，于1818年在马六甲奠基，1820年书院落成，首任院长为威廉·米怜(William Milne)，柯大卫、理雅各曾先后担任书院院长。1843年英华书院迁址香港。

③ 郭磊．首位《四书》英译者柯大卫的生平诸事考述[J]．北京行政学院学报，2013(6)：121-126.

④ 罗伯特·马礼逊(Robert Morrison)，1782—1834，英国派往中国大陆的第一位基督教新教传教士。编辑出版了中国历史上第一部《华英字典》，他第一个把《圣经》译作中文。

心指导，柯大卫取得惊人的进步，展现了极高的语言天赋和异于常人的勤奋。在短短 5 年多的时间里(1822 年 6 月—1828 年 2 月)，柯大卫用英文和中文著述、翻译了十多部作品，完成了“四书”英译，写就了《天镜明鉴》《新纂圣经释义》等著作，培养了一批知晓中西文化的学生，产生了比较大的影响。此外，柯大卫还在社区进行传教士工作，在英华书院从事管理和教学事务，针对中国学生英语语言水平编写教材，参与建设英华书院。① 毋庸置疑，柯大卫是一个充满宗教热情、拥有奉献精神、异常勤奋的传教士。

(二)译本介绍

柯大卫的《中庸》英译本收录入《被称作四书的中国经典》(*The Chinese Classical Work Commonly Called the Four Books*)。该译著包括《大学》《论语》《中庸》《孟子》等，于 1828 年由教会出版社出版。《中庸》书名译作 *Chung Yung*，译本以朱熹的《四书集注·中庸章句》为蓝本，共有 33 个章节。译本配有朱熹原文注释和译者新增注释，译者在注释中对《中庸》的核心概念诸如“天”“性”“道”“命”“理”等进行了解释，对文中的一些观点和思想提出批评，还对文中涉及的中国古代人物，例如舜、尧、禹等进行了简要介绍。柯大卫《中庸》译本的基本情况如下表所示：

单行本	合集本	前言	中英文文本对照	文内隐注	脚注	尾注	术语表	参考文献	原文出处
否	*The Chinese Classical Work Commonly Called the Four Books*	译者所作	无	深度注释	有	无	无	无	朱熹《四书集注·中庸章句》

① *Missionary Register* [M]. London: P. S. Seeley & Sons, 1828: 70-72.

柯大卫译本与朱熹《四书集注·中庸章句》章节对比如下表所示：

朱熹《四书集注·中庸章句》章节划分	柯大卫《中庸》译本章节划分
前言	前言
第1章~第21章	第1章~第21章与朱熹《四书集注·中庸章句》章节划分一致
第22章	第22章由两部分组成：第一部分为朱熹版中注评者对前21章的总结和对后12章的简要引介。第二部分为朱熹版本的第22章
第23章~第33章	第23章~第33章与朱熹《四书集注·中庸章句》章节划分一致
结论	朱熹版本中注评者对第33章的总结被单独划分为结论
朱熹版本每一章节末尾附有对该章节的总结	柯大卫译本略去了绝大部分朱熹版本中的章节总结，只保留了第22章和第33章的总结

柯大卫《中庸》译本出自朱熹《四书集注·中庸章句》，译本章节划分与朱熹《四书集注·中庸章句》几乎一致，仅在个别地方有细微出入。柯大卫未将朱熹版本中的所有注释翻译，只选译了部分注释，译者未对此作出解释。

（三）译本注释

柯大卫的《中庸》译本配备有丰富的注释，主要包括少部分原文自带注释、其他学者注释和译者本人所作注释。柯大卫认为，评注是汉语典籍的一个重要特征，对于理解原文具有十分重要的作用，《中庸》译本的注释应不局限于朱熹的注释，还应集合其他学者的注释，以此向读者展示更为全面的典籍风貌，帮助读者理解原著。柯大卫的《中庸》译本注释特色主要表现在以下两个方面。

一是综合多位注评者的注释，对文中的核心术语、段落提供解释，以帮助目的语读者更清晰地了解《中庸》思想。核心术语是汉语典籍的重要组成部分，每个字都蕴涵异常丰富复杂的含义，通常在目的语中难以寻得对等含义的字词表达，因此需要细致周详的注释解释其中的含义。例如，柯大卫在注释中如是解释第 1 章“天命之谓性，率性之谓道，修道之谓教”中的“道”“天”“性”：

“道(义务之道)。君子循道而行，小人弃道而行。但是即使离开了道，人也会通过努力重寻回道，由此完善天性。五行之元素为金木水火土。阴阳代表女性准则和男性准则，依照中国哲学，它们渗透世间万物。于是，天似乎将阴阳二准则和金木水火土五元素运用于万物，例如，上天创造万物，阴阳是工具因素，五元素是被运用的物质。……‘天’有时被视作非物质的原则，‘阴阳’有时被视作精灵。”①

中国思想文化中的“道”“天”“性”本身含义极为复杂，对于中国读者而言尚存在多种解释，更何况英语读者，柯大卫综合朱熹及其他注评者的注释，细致地从“金木水火土”五行相关知识和“阴阳”的具体含义，展开对“道”“天”“性”的解释，说明“道”是君子遵循的义务之道，“天”犹如上帝的至高无上之力量，“性”是人的原始完美天性，以此帮助读者理解《中庸》的“道”“天”“性”等核心概念。

二是借用注释，表达译者关于《中庸》的认识及态度。注释不仅仅是译者对译文的点评与解释，也是译者抒发个人思想和态度的平台。柯大卫充分利用注释这种特殊的副文本，对原文某些于他而言有悖于基督教教义的论述进行批判性解读。例如，柯大卫认为《中庸》第 16 章中的意义与基督教教义相悖(子曰：“鬼神之为德，其盛矣呼！视之而弗见，听之而弗闻，体物而不可遗。使天下之人，齐明盛服，以承祭祀。洋洋

---

① Collie, David. *The Chinese Classical Work Commonly Called the Four Books*[M]. London: The Mission Press, 1828: 15.

乎！如在其上，如在其左右。《诗》曰：‘神之格思，不可度思，矧可射思？’夫微之显，诚之不可掩如此夫！”)①，因此在注释中他如是说：

“以上阐述的原则就其本身而言是正确的，但是它过于自以为是，想当然地认为人通过自己的努力，可以进行自我道德的更新，完善自我。圣神的启示不是告诉我们唯有万能的上帝才能促成这种转变的实现，不同年代、不同国家的历史上的无数的事实不是告诉我们了吗？”②

柯大卫从其宗教立场出发，认为人如果没有信仰，难以自我完善。他不赞同《中庸》第 16 章倡导的人可以通过自我努力，完善自我的观点。他认为唯有上帝才具有这种转变人的道德修养的能力，普通人无法实现这个目标。柯大卫还对儒家人之初，性本善的观点提出了批判，对儒家提倡的人通过后天努力可以改变先天不足的观点提出反驳(第 20 章之结尾“人以能之，已百之；人十能之，已千之。果能此道矣，虽愚必明，虽柔必强”③)：

“这些自大的民族最钟爱的一个教义就是人之初，性本善。没有什么比这与神启和普遍经验相背而驰了。神启和普遍经验告诉我们，人生来邪恶，如果在实践中他们呈现不同的形式的话，则是因为这种差异已得到上帝的革新与干预。人与生俱来的能力是不平等的……伟大的造物主也不认为人生而平等。”④

柯大卫认为唯有得到上帝的拯救，人类才能弃恶从善，从愚笨变智慧，上帝是万物之主。在译本最后一部分——“结论”的注释中，柯大卫总结《中庸》存在的两个基本缺陷：

① 朱熹．四书集注[M]．长沙：岳麓书社，2004：29.

② Collie, David. *The Chinese Classical Work Commonly Called the Four Books*[M]. London: The Mission Press, 1828: 11.

③ 朱熹．四书集注[M]．长沙：岳麓书社，2004：36.

④ Collie, David. *The Chinese Classical Work Commonly Called the Four Books*[M]. London: The Mission Press, 1828: 20.

"在这篇包含了儒家哲学最重要思想的论文中，有两个极端严重、最基本的缺陷。首先它未谈到至高无上、创造万物、全能的造物主——天父。第一个错误必然导致第二个环节的缺陷，即没有讲述堕落的人类如何被造物主拯救。……最睿智的人曾经说过，对上帝的敬畏才是智慧的开始，但是在此论文中讨论的智慧却全然没有以色列睿智君王认为的智慧基石。"①

柯大卫始终是一位拥有坚定信仰的基督教传教士，在英译《中庸》时，他不会为书中宣扬的儒家思想所撼动，而是透过自己的宗教立场对文中传达的儒家思想进行批判性的解读，并在注释中充分表达自己的理解，注释已然成为其运用基督教教义诠释《中庸》思想的有利平台。

(四)核心术语处理

核心术语在中国哲学典籍中具有十分重要的作用，《中庸》作为一部较为隐晦、神秘，思想极其浓厚的哲学著作，其中的核心术语更是理解其中心思想的关键。柯大卫《中庸》译本核心术语翻译如下表所示：

《中庸》术语	柯大卫《中庸》术语英译	《中庸》术语	柯大卫《中庸》术语英译
中庸	the golden medium, the due medium	仁	benevolence
中	middle, in the due medium	君子	the man of superior virtue, the truly virtuous man, the superior man
庸	not to change	性	nature
和	harmony	德	virtue
天	heaven, Heaven	礼	propriety
道	the right path, the way	诚	sincerity

① Collie, David. *The Chinese Classical Work Commonly Called the Four Books*[M]. London: The Mission Press, 1828: 31.

柯大卫认为《中庸》核心术语英译的确十分困难，英文中难以寻得匹配的对应词，例如"诚"的翻译就十分棘手：

"'Sincerity'('诚')是该书后面部分常谈及的一个术语。我十分清楚英语单词'sincerity'很难完全表达原词'诚'的含义，的确难以寻得任何一个比'sincerity'与之更接近的单词。原文的注释者们认为该词指不含任何虚假、混乱的'真'，有些学者可能认为本文中的'诚'具有完美的含义，因此'perfection'(至美)可能比'sincerity'更贴切。但是对于'perfection'仍然存有不同的声音，例如'至诚'是最高级别，如何翻译呢？"①

可见，英译《中庸》核心术语确非易事，汉字重意，特别是汉语典籍的文字意义更是异常丰富，一个单词或一个词组实难将其复杂的含义传达。同样，关于《中庸》书名含义存在多种解释，柯大卫将其理解为适度与适中，与亚里士多德关于"中"的理解相似，故将《中庸》书名译作 *Golden Medium*，他认为《中庸》旨在引导人们如何在事物中寻找与维持适度、适中，做事不走极端、持中是儒家思想的精髓。汉语典籍核心术语英译存在多种可能，译者对其的主动认识起着重要作用，术语翻译在很大程度上体现了译者关于《中庸》的认识。

二、理雅各(James Legge)的《中庸》英译

(一)译者简介

詹姆斯·理雅各(James Legge，1815—1897)出生于苏格兰北部阿伯丁郡的亨特利。幼年时期受教于一位将《赞美诗》烂熟于心的盲人女教师，整日习颂《圣经》，由此培养了对《圣经》特别是对"赞美诗"的热爱，这种喜爱持续终身，对其从事的宗教事业有着极大的影响。理雅各

① Collie, David. *The Chinese Classical Work Commonly Called the Four Books*[M]. London: The Mission Press, 1828: 19.

先后在亨特利教会学校和阿伯丁文法学校完成小学和中学学业。1831年，理雅各获得一等奖学金进入国王学院学习，后又因学习优异于1836年获得哈托尼安(Huttonian)奖，成为该校历史上首位同时获得两种奖学金的学生，时年21岁。理雅各在阿伯丁大学学习期间，深得国王学院的拉丁学教授的赏识，并成为该教授的助教。但由于宗教信念的不同，理雅各最后还是放弃了在阿伯丁大学丰厚的待遇和美好的学术前程，加入了非国教教会，成为非国教教徒。① 1837年，理雅各申请进入高伯里(Highbury)神学院学习神学，并于1838年加入伦敦传教士社团(London Missionary Society)。1839年年初，理雅各接受伦敦教会委派，携新婚妻子启程前往东方，为躲避当时中国南部的动乱，于1840年到达马六甲继任马礼逊的工作，主管英华学院和英中教材出版事务。1843年6月，理雅各携妻儿取道新加坡，前往香港，并将英华学院迁至香港，从此真正开始了他的辉煌事业。理雅各在香港致力于宗教和教育事业，创立了专门为中国学生开设的中英文教学教会学校，为香港的教育事业立下了汗马功劳。理雅各在任期间除了三次回英国短暂休整外(1845—1848)，其余大部分时间都在中国香港度过。1876年理雅各任牛津大学首位汉学教授，直至病逝。②

在主持英华书院工作期间，理雅各秉承马礼逊的传教精神和办学精神，致力于将基督教传播至全中国。马礼逊和理雅各一致认为，在中国传播基督教教义最有效的方式应是中国本土人和外国传教士携手合作，而且应由本土人担当主要角色，唯有如此才能产生最佳传播效果。因此，他们大量培训中方本土牧师，开办学校，编写英汉双语教材，兴建医院和诊所，建立知识分子社区和技术社区等，尽一切所能宣传基督教

① 非国教教会(Non-Conformist Church)为基督教新教(Protestant)的一个宗教团体，不属于英国国教(Church of England)。

② 该部分内容主要参考自林赛·莱德博士(Lindsay Ride)所写小传，载于Legge, James. *The Chinese Classics with a Translation, Critical and Exegetical Notes, Prolegomena, and Copious Indexes* (Volume I)[M]. 台北：南天书局，1991：1-25.

社会的生活方式。

理雅各是一位坚定的传教士，尽心尽力地履行伦敦教会赋予的传教职责，同时也是一位出色的教育家，将英华书院迁至香港后，他建设了马礼逊教育社团，接纳更多的当地中国男孩女孩进校学习，对香港的教育产生了深远的影响。理雅各在从事宗教事业之时，还致力于翻译中国经典，将中国经典思想介绍至英语国家。理雅各认为，不懂中国经典文献，就不了解中国，就不足以在中国传教。他认为自己首先应该做一个向西方世界传授中国经典思想的人，而后才能更好地在中国传播基督教教义。理雅各是第一个系统翻译中国古代经典文献的西方传教士，为中西文化交流作出了巨大的贡献。

（二）译本介绍

理雅各先后出版了四个版本的《中庸》英译本，第一个版本收录于《中国经典（七卷本）》（*The Chinese Classics with a Translation, Critical and Exegetical Notes, Prolegomena, and Copious Indexes in Seven Volumes*），于1861年由伦敦 Trübner & CO. 事务所出版，《中庸》书名译为 *The Doctrine of the Mean*（《中道的准则》）。第二个版本收录于《中国经典（第二版）》第一卷《孔子生平与学说》（*The Life and Teachings of Confucius with the Explanatory Notes*），于1869年由伦敦 Trübner & CO. 事务所出版，《中庸》英译本书名为 *The State of Equilibrium and Harmony*。第三个版本收录于穆勒（F. Max Muller）主编的《东方圣书》（*The Sacred Books of the East*）第二十八卷中，于1885年由牛津克拉伦登出版社出版，《中庸》书名译为 *Kung Yung or the State of Equilibrium and Harmony*。第四个版本收录于《中国经典（五卷本）修订版》第一卷，于1893年由牛津克拉伦登出版社出版，《中庸》书名译为 *The Doctrine of the Mean*。四个版本的《中庸》译本基本信息如下面两表所示：

版本	《中庸》书名	合集本	出版社	出版年
第一版	*The Doctrine of the Mean*	《中国经典(七卷本)》初版第一卷 *The Chinese Classics, with a Translation, Critical and Exegetical Notes, Prolegomena, and Copious Indexes in Seven Volumes*	London: Trübner & CO.	1861
第二版	*The State of Equilibrium and Harmony*	《中国经典(第二版)》第一卷《孔子生平与学说》(*The Chinese Classics: Translated into English, with Preliminary Essays and Explanatory Notes*, Volume I, — *The Life and Teachings of Confucius with the Explanatory Notes*	London: Trübner & CO.	1869
第三版	*Kung Yung or the State of Equilibrium and Harmony*	《东方圣书》第二十八卷(*The Sacred Books of the East*, Vol. XXVIII, translated by various oriental scholars, edited by F. Max Muller	Oxford, at the Clarendon Press	1885
第四版	*The Doctrine of the Mean*	《中国经典(五卷本)修订版》第一卷	Oxford, at the Clarendon Press	1893

版本	译者序	中英文文本对照	注释	单词及中英文对照术语表	章节	原文出处	索引	
							主题介绍	专有人名
第一版	有	有	配有深度注释与评论	有	33章	朱熹《四书集注·中庸章句》	有	有
第二版	有	无	配有简略注释	无	33章	朱熹《四书集注·中庸章句》	无	无
第三版	有	无	配有简略注释	无	33章	朱熹《四书集注·中庸章句》	无	无
第四版	有	有	配有深度注释与评论	有	33章	朱熹《四书集注·中庸章句》	有	有

理雅各《中庸》译本均以朱熹《四书集注·中庸章句》为原文，共33个章节。第一版与第四版基本一致，配有序言、中英文文本对照，附有考究细致的注释、评论，还配有术语表、主题介绍、专有人名汇总等，第一版和第四版具有鲜明的学术译著特色。第二版和第三版无中英文文本对照，注释和评论甚为简略，均为通俗化的解释，目的在于帮助普通读者了解《中庸》文本的基本含义。

（三）译本注释

理雅各《中庸》译本注释非常细致丰富，既有原文文本自带注释，也有译者新增补注释，充分展示了维多利亚时代英国学者注重考据的特点。

一是针对文本中出现的核心概念、段落意义进行详尽的考据与解释。理雅各未局限于文本字面翻译，而是对文本中核心术语、段落意义进行深入考据、解释和分析。例如，关于《中庸》书名译为 *The Doctrine of the Mean*，他在注释中如是解释：

"本书书名为 *The Doctrine of the Mean*，我未尝试翻译'庸'，因为中国本土注评者和之前的译者均对该词的理解存在不同看法。……'庸'指'用'（to use, to employ），这是'庸'的第一个意义。……'庸'还有'不易'（unchanging）的意义。…… 朱熹认为'庸'指'平常'（ordinary）、'持续'（constant）、'和谐'（harmony）。然而大多数人认为'庸'指'和'，我个人也持相同观点。《中庸》就是讨论人的心灵状态处于'中'与'和'的状态，因此我的书名即表达了这种观点。……马礼逊将'中庸'译为'the constant golden Medium'（持续不断的黄金中道），柯大卫将其译为'the golden Medium'（黄金中道）。本人不赞同这两种译法，因为'中'在这两种表达中仿佛成为名词，'庸'成为修饰性的形容词，然而二者其实是并列关系。在《中庸》（1869年）版本中，我将《中庸》译为

The State of Equilibrium and Harmony（中与和的状态）。”①

理雅各在这段文字中细致呈现了不同注评者对“中庸”的不同认识，提出自己关于“中庸”的认识，并对当时的《中庸》英译书名提出了异议。注释在理雅各的译本中发挥了十分重要的解释作用，既对相关知识进行普及，也使得译者借此机会阐发自己关于中国经典的认识，译者主体性得到充分的体现。又如，对“诚”的英译，理雅各不仅考究了中国学者对“诚”的认识，还总结了西方译者对“诚”的翻译：

“‘诚’指理想之人性，圣人拥有了这完美品行，就能比肩上天。在英文中难以寻得与之完全匹配、意义同等之词，甚至中国学者也对该词的准确含义存在不同的认识。依据《四书通》‘汉代学者也不清楚它的含义’。宋代李邦直定义‘诚’为‘不欺骗’（freedom from all deception）；之后的徐仲车认为‘诚’指‘不息’（ceaselessness）；接着，程颐认为‘诚’指‘无妄’（freedom from all moral error）；最后，朱熹指出它的含义是‘真实’（truth and reality）。从此，关于‘诚’的定义才完整。……雷慕沙（Rémusat）②将‘诚’译为‘perfectionla（perfection）’和‘perfect moralla（perfection morale）’。殷铎泽（Intorcetta）③和他的朋友将‘诚’译作‘vera solidaque perfecio’。灵魂的单纯（simplicity）或者单一（singleness）应该是‘诚’的主要含义，即天性善，有能力善，没有任何自私自利的思想——这就是诚。‘诚’属于上天，属于天地，属于圣人。普通人唯有通过后天的教育，学会明辨善，才能达到‘诚’的境界。”④

---

① Legge, James. *The Chinese Classics with a Translation, Critical and Exegetical Notes, Prolegomena, and Copious Indexes* (Volume I)[M]. 台北：南天书局，1991：382-383.

② 雷慕沙（Jean-Pierre Abel-Rémusat），1788—1832，法国汉学家，生平不详。

③ 殷铎泽（Prospero Intorcetta），1626—1696，意大利天主教传教士，1659 年来华传教，曾将《大学》《中庸》《论语》等译成拉丁文，著有《耶稣会例》《西文四书直解》等。

④ Legge, James. *The Chinese Classics with a Translation, Critical and Exegetical Notes, Prolegomena, and Copious Indexes* (Volume I)[M]. 台北：南天书局，1991：414-416.

在这段注释中，理雅各首先归纳中国学者关于“诚”的不同认识，然后总结法国传教士和意大利传教士关于“诚”的翻译，最后提出自己对于“诚”的见解，可见，理雅各翻译核心术语不是简单的文字对应转换，而是细致考究其在原文中的意义，并对现有的译文提出质疑，最后再提出自己的译文。理雅各充分运用注释清晰传达译者关于核心概念的认识，既宣扬了译者的思想立场，同时展示了译者的翻译态度。

二是针对不同受众提供不同的译文注释。相对于1861年版和1893年版的《中庸》英译本，1869年版和1885年版的《中庸》英译本注释则十分简洁，语言非常通俗化，适合普通读者理解《中庸》文本的基本含义。以1869年版和1885年版《中庸》开篇第一句的注释为例(原文：“天命之谓性，率性之谓道，修性之谓教。”①)：

“所教导的意思大致如此：人有道德之天性，受之于上天或上帝，人依照这个德性，构筑一个自身准则。然而，由于人之本性的缘故，极容易偏离这条道路，因此智慧良善的圣人适时出现，对其解释道，并引导他循道而行。”②

很显然，相对于第一版和第四版译本注释烦琐、细致考据的特点，第二版、第三版译本注释则采用流畅通俗的语言对原文进行通俗化的解释，以满足普通读者的阅读审美需求，实现普及《中庸》的目的。

(四)核心术语处理

《中庸》核心术语是任何一位译者都不可能忽视的关键，理雅各对于核心术语的英译十分用心，通常引经据典，层层深入，细致考究其出处、原生意义及拓展意义。理雅各《中庸》译本核心术语翻译如下表所示：

① 朱熹．四书集注[M]．长沙：岳麓书社，2004：21.

② Legge, James. *The Chinese Classics: Translated into English, with Preliminary Essays and Explanatory Notes*. Volume I, — *The Life and Teachings of Confucius with the Explanatory Notes*[M]. London: Trübner & CO., 1869: 283.

《中庸》术语	理雅各《中庸》术语英译	《中庸》术语	理雅各《中庸》术语英译
中庸	The doctrine of the Mean, the course of the Mean	教	instruction
中	equilibrium	仁	benevolence, perfect virtue
庸	not to change	君子	the superior man, the good man
和	harmony	性	The nature
天	heaven, Heaven, sky	德	virtue
道	The path of duty, the way	礼	propriety, ceremony
诚	sincerity		

理雅各译本核心术语的英译不可避免地渗透了其宗教立场和态度，以“道”的英译为例，理雅格将“道”译为“the path of duty”（责任之路）：

“朱熹将‘道’理解为‘路’（path）似乎有道理，尽管有些现代作家不同意这种说法。我认为此处的‘道’应该是说：人有道德之天性，受之于上天（Heaven）或上帝（God），人依照这个道德天性（moral nature），构筑一个自身准则。然而，由于人之本性的缘故，极容易偏离这条他本应该遵循的道路（deviate the path），因此智慧良善的圣人适时出现，对其解释道，并引导他循道而行。”①

在这一段注释中，理雅各从其持有的宗教立场出发，用充满了基督教色彩的词汇“Heaven”“God”“deviate the path”解释和翻译“天”“道”等核心术语，尝试用适合西方读者的文化语境解释中国儒家核心术语，以帮助他们理解《中庸》的含义。

① Legge, James. *The Chinese Classics with a Translation, Critical and Exegetical Notes, Prolegomena, and Copious Indexes* (Volume I)[M]. 台北：南天书局，1991：383-384.

第二节　1820 年至 1900 年期间《中庸》在英语世界的传播与接受特点

由于1820 年至1900 年期间特殊的历史文化背景，《中庸》在英语世界的传播与接受呈现如下独特的色彩：

一、以传播基督教为宗旨的汉语典籍英译

该阶段翻译活动主体译者为来华传教士，柯大卫和理雅各为伦敦教会委派来华传播基督教教义的传教士，他们的译书事业或译书活动具有十分鲜明的宗教特色，即以传播基督教为使命，以传播英国文化为导向，以译介中国经典为手段，促进中国本土居民和传教士之间的交流，完成中西宗教文化交流任务。柯大卫和理雅各曾先后担任英华书院院长，深知学习外语知识对于了解异国思想文化的重要性，一致认为学习语言是传播基督教和认识儒家思想的基础，培养本土传教士才能真正发展传教事业。他们明确陈述其译书目的：翻译中国经典既是为了更好地习得汉语语言知识，也是为了帮助在英华书院学习的中国本土学生(未来的本土传教士)通过研读英文版的中国经典，提高对英语语言的感知度，增强文化亲近感，学会批判性地认识儒家经典，更好地理解基督教，从而在未来更有效地传播基督教。同时，他们也希望借翻译中国经典，帮助已来华或即将来华的西方传教士更有效地了解和认识中国文化，使得传教工作更为顺利。柯大卫在其《被称作四书的中国经典》译本前言中写道：

"翻译'四书'首先是为了习得一些汉语知识。'四书'译毕，译者发现如果对译本进行细致修改，同时引用最权威的注评，对原文中出现的关于宗教和道德认识的一些根本错误进行批评，该译本可能于在学院学习英文的中国学生有一定的帮助。译本将不仅帮助学生学习英语语言，尤为重要的是，将引导学生深刻反思这些备受推崇的中国经典中存在的

致命错误。译者还要借此机会为在书中多次重复在西方读者看来明白易懂的道理表示道歉，这些话虽然啰唆，却对于要阅读这个译本的迷失的中国异教徒而言十分必要。”①

柯大卫希望中国学生通过阅读英文版的汉语经典，提高英语语言能力，同时学会结合基督教教义反思儒家经典的“错误言论”或“错误思想”，更好地理解基督教思想。此番文字清楚地道出了柯大卫的用心，字里行间渗透出了西方传教士对基督教的坚定信仰和对他国文化的一种傲慢与偏见。

理雅各对英华书院的学生格外关心，对他们倾注了极大的心血。他认为应培养本土年轻的传教士担当传播基督教的重任，他们是在华传教事业的最佳接班人：

“我将证实培养中国的年轻人将是最为有效的方法，让他们去教授本国民众。每当我思考在中国传教的问题时，就愈加坚信传教事业必须由本土民众完成，让他们向自己的同胞传递基督的声音，就像兄弟对兄弟那样，充满热情，充满智慧，明辨是非，无私无我。……没有他们的参与，传教任务不可能完成。”②

理雅各还进一步指出翻译《中国经典》之目的：

“译者希望本卷译书于传教士和其他学习汉语和英语的学生有实在用处，他们是译者最主要针对的读者。同时，译者也充分考虑普通读者的需求。……希望在不远的将来，中国有不少聪明的读者有能力不带偏见地去思考他们的先哲圣人的言论和思想。”③

相对于柯大卫译本中部分较为偏激的言语，诸如“中国经典中存在

① Collie, David. *The Chinese Classical Work Commonly Called the Four Books*[M]. London: The Mission Press, 1828: i.

② Legge, H. E. *James Legge: Missionary and Scholar*[M]. London: The Religious Tract Society, 1905: 13-14.

③ Legge, James. *The Chinese Classics, with a Translation, Critical and Exegetical Notes, Prolegomena, and Copious Indexes in Seven Volumes*[M]. London: Trübner & CO., 1861: ix.

的致命错误”，译书是为了帮助“迷失的中国异教徒”等言论，理雅各的文字中没有表达很强烈的宗教立场，但是，其译书出发点是一致的，即以传播基督教思想为首要目的。

这种以传播基督教思想为主旨的翻译活动其实还隐含着传教士的一番宏图大志，即借翻译中国经典，促进中西宗教思想交流，更好地帮助传教事业在华的发展。理雅各在《中国经典》的序言中这样说道：

“翻译《中国经典》证明我具备了良好的汉语修养。我为此花费了 25 余年时间。这样做是有意义的，由此可以使世界其他国度的民众认识这个伟大的帝国，尤其是知晓我们传教士在异国他乡必须具备广博的知识和极高智力才能让传教事业发扬光大。我认为配有注释的儒家经典译作将极大地帮助未来年轻的传教士更好地从事传教事业。”①

相较之前的传教士，理雅各的学术修养极为深厚，尤其对古典文学、哲学、文化有着浓厚的研究兴趣，在学术传播理念方面更有远见卓识。在他看来，传教士不应该单向地传播基督教教义，而应该做到知己知彼，认识东方哲学，了解东方思想，以更适合东方人的方式传播基督教教义，让基督教教义为更多的东方人接受，让传教事业源远流长。

要指出的是，虽然本阶段译者对《中庸》思想的理解与认识深受基督教思想的浸染，但同时也夹杂着对中国儒家思想的推崇。理雅各作为伦敦教会的传教士，被委派至远东进行传教任务，自然倾向于从基督教立场诠释中国经典，习惯从基督教教义角度解释《中庸》与基督教的关系。但与自学成才的柯大卫不同的是，理雅各拥有十分扎实的学术背景，其学术修养与教育远见使其对待中国经典的态度又渗透了学者的学术洞见与思考。例如，理雅各曾这样表述其关于中国文明的认识：

“他们的文明的确与我们的文明截然不同，但却比我们更早远离野蛮。我们需要记住，繁衍生息了四千年的文明古国，例如波斯帝国、古

① Legge, H. E. *James Legge: Missionary and Scholar*[M]. London: The Religious Tract Society, 1905: 40.

希腊、罗马帝国等都经历了发展、繁荣、聚集财富、衰落，唯有中华帝国至今仍然屹立不倒，并且拥有着四亿庞大人口。很显然，一定有某种至善美德、至高道德和社会原则影响社会的发展。……没有哪一个国家像中国如此敬慕优秀的学术成果，没有哪一个王国似中国如此尊崇学问。"①

这些文字呈现给我们的是一位对中国文化、中国文明充满了敬佩之心的传教士，理雅各赞赏中国文化对学术成果的尊崇，称赞中国是世界上独一无二的尊重知识的国家。由于对中国文化独特的喜爱，理雅各还劝说传教士们耐心对待中国民众对基督教的抵制：

"儒家学说与基督教教义并不敌对，犹如佛教和婆罗门教。它既不是前者，属于无神论者，也不是后者，属于泛神论者，它是一个完整的系统，只是受地域和时间的限制而已。我们应尽力承认儒家学说，并尝试运用儒学而不是破坏它，当然有时仍不可避免地将高高在上的孔子从神坛拉下。在中国传播福音，宣扬上帝是拯救众生的唯一的神，是不可能不受到孔子追随者们的抵触的……但是我可以说在中国传播基督教比在世界上任何其他地方都要顺利。传教士们不要认为学习儒家经典太过辛苦，这是每一位传教士必作的功课，学习儒家经典有助于传教士在中国的传教使命更深入人心。"②

理雅各非常清晰地认识到儒家思想对中国人的影响及其在中国人生活中的重要性，他认为知己知彼才能更好地完成传教任务，传播基督的精神，"让基督在人民心中重新佩戴皇冠"，成为万人仰慕之神。理雅各耗尽心血翻译《中庸》及其他中国经典既有宗教目的，即帮助传教士更好地了解中国、认识中国哲学、熟悉中国文化，从而更深入地进行传教工作，也有出于对中国哲学和文化的喜爱，而将其推介至西方世界的

---

① Legge, H. E. *James Legge: Missionary and Scholar*[M]. London: The Religious Tract Society, 1905: 28.

② Legge, H. E. *James Legge: Missionary and Scholar*[M]. London: The Religious Tract Society, 1905: 37.

雄心。

二、以深度翻译为主要方法的翻译活动

这一时期的翻译活动有一个突出的特点，即以忠实于原文为基础，以深度注释为手段，以实现准确翻译为宗旨。这种重视注释功能的翻译方法也叫深度翻译，指“在翻译文本中添加各种注释、评注和长篇序言，将翻译文本置于丰富的文化和语言环境中”①，为读者提供全面的背景知识。柯大卫和理雅各十分注重注释、前言在翻译中的功能，不仅如实翻译原文附带的注释，还新增注释，加附长篇序言和附录，阐述译者对原文的理解，其篇幅甚至远远超过原文文本。

理雅各《中国经典》书名就显示其十分重视译本中的序言、注释、附录：*The Chinese Classics, with a Translation, Critical and Exegetical Notes, Prolegomena and Copious Indexes*（《中国经典——翻译、批判、评注、前言与丰富的索引)》。理雅各反复强调，有注释的儒家的经典著作将极大地帮助未来年轻的传教士更好地从事传教事业。他甚至声明如果有100位读者阅读《中国经典》，即使只有一位读者希望译作配有丰富的注释，他也会为了这一位读者专门撰写长篇注释，② 其对注释的充分运用在某些版本中甚至可以说达到了登峰造极的地步(例如1861年版和1893年版)。

此外，译者还充分利用前言、注释和附录，阐述其翻译思想和翻译策略，向读者讲明其翻译用心。柯大卫在前言中指出，忠实原则是翻译《中庸》及其他经典需恪守的基本原则。在翻译“四书”过程中，他并非闭门造车，而是充分借鉴“四书”的拉丁文版和英文版③学习最适合的表

---

① 宋晓春．论典籍翻译中的“深度翻译”倾向——以21世纪初三种《中庸》英译本为例[J]．外语教学与研究(外国语文双月刊)，2014(6)：939.

② Legge, H. E. *James Legge: Missionary and Scholar*[M]. London: The Religious Tract Society, 1905: 40.

③ 柯大卫之前无《中庸》英译版，只有拉丁文版。

达方式，严格遵从“四书”原文注释，广泛阅读其他注评者的注释，积极征询中国学者的帮助，极度认真地对待每一字、每一行、每一段，做到了字斟句酌，以实现最准确的理解和翻译。当然，过度忠实于原文的翻译策略也可能带来一定的弊病，正如柯大卫所言“该译本某些地方可能会被批评为太过直译，某些地方又太过意译，或被认为失去了原文的优雅与力量，还有人会批评其中国味和苏格兰味太重”①，但柯大卫认为准确忠实地翻译原文是严肃译者必须坚持的原则。理雅各也认为将文本的内容与意义忠实传递是翻译中国经典的真实目的，否则将无任何意义。在翻译风格方面，理雅各认为对原文内容和意义的忠实应胜过文体的优雅，他曾尝试用一种更为简洁、更为故作风雅的方式来翻译中国经典，最终还是认为内容和意义更为重要，但是他也强调能够将内容与优雅的译文风格有机结合是翻译的最高境界。

三、译书出版及读者接受

(一)译书出版

本阶段的《中庸》译本全部由英国伦敦出版公司出版，其中柯大卫的《中庸》译本由伦敦教会出版公司(The Mission Press)出版，理雅各的《中庸》译本分别由伦敦楚博纳出版公司(Trübner & CO.)和牛津克拉伦登出版公司(Oxford, at the Clarendon Press)出版。理雅各的译本在这期间出版了四个版本。这段时期为西方传教士来华的第二个发展时期，西方主流社会关注的仍然是对中国的财富攫取和文化输入，出版汉语典籍英译本难以获得相应的资助。译者经常会为了出版经费绞尽脑汁。理雅各在《中国经典》前言中谈及了该书的出版过程：

“1856 年，我与几位朋友谈及出版《中国经典》一事，席间有位来自

① Collie, David. *The Chinese Classical Work Commonly Called the Four Books*[M]. London: The Mission Press, 1828: v.

卫斯理言(Wesleyan)传教会的考克斯主教(Rev. Josiah Cox)。我们谈到了出版费用的问题。我说先按部就班，做好自己的工作，好好研习这些文本，深入理解它们的意义，做好出版准备，而后争取在适当的时候获得在华英国商人或其他国家商人的支持……考克斯先生很快将此事告知他的朋友约瑟夫·杰阿丁(Joseph Jardine)先生…… 杰阿丁先生非常慷慨地伸出了援手，承担了出版费用。杰阿丁先生赞赏我的出版计划，对我说：'我认识在中国工作的商人，他们中的许多人肯定乐意资助这个项目，你没有必要去社团游说经费了。你只需要做好艰苦的翻译工作，我则全权负责出版经费。我们在中国赚了钱，我们也应该助力这件事的完成。'"①

从此段文字中可见当时出版《中国经典》译著的不易。译者需要得到赞助者的支持，否则很难实现出版意愿。理雅各经过多方沟通获得了出版资助，同时伦敦教会也应允了他的出版计划，认为出版《中国经典》既有学术意义，也极大地有助于来华传教士的传教事业的发展。但是在印刷、装订、运输至英国等环节上仍然困难重重：

"由于理雅各博士掌管印刷部门，② 因此得以亲自监督所著译本的出版印刷和装帧，其间不得不派人专程返回英国购买纸张、印刷油墨等。由于香港材料极为有限，书籍的装帧不统一。同时，由于缺少英国书商的推销，他不得不亲自登门各书店，耐心与图书经销商沟通，推销《中国经典》……有一次，满载印刷用纸和印刷油墨的船舶触礁，他亲眼目睹船只沉入香港海湾，只剩下船桅露出水面……"③

---

① Legge, James. *The Chinese Classics with a Translation, Critical and Exegetical Notes, Prolegomena, and Copious Indexes* (Volume I) [M]. 台北：南天书局，1991：viii.

② "基督教传教事业的四大支柱是布道、出版、教育、医药，所以作为英华书院院长的理雅各直接对传教会的印刷事物负责。"摘选自：熊月之. 西学东渐与晚清社会[M]. 上海：上海人民出版社，1994：97.

③ Legge, H. E. *James Legge: Missionary and Scholar*[M]. London: The Religious Tract Society, 1905: 44.

出版过程中的重重困难从一个侧面反映了那个时代汉语典籍及中国文化在英语世界处于式微境地，东学西渐实属不易。

（二）读者接受

1820—1900 年期间的《中庸》译本读者群并不广泛，大致可分为专业读者、普通读者、特殊读者等。专业读者主要指对中国哲学、中国文化有深入研究的专家、学者；普通读者指对中国文化、中国哲学感兴趣的读者；特殊读者指在华或即将来华传教士以及在华学习英文的中国学生（未来的传教士）。普通读者多出于对东方文化的好奇，对汉字文字形态到文字传达的内容充满了感性认识。有读者这样谈及阅读感受：

"对于一位对中文一窍不通的英语读者而言，能读到如此古老的汉语典籍，简直太奇妙了。……其中蕴涵的东方古老的思想简直不可思议。……看到如此古老的文字呈现在现代书籍中是一种莫大的享受。"①

专业读者则多从其学术立场、政治立场以及宗教立场看待《中庸》及《中国经典》英译。理雅各的《中国经典》在英国学术界受到极高的推崇，法国教授斯坦尼斯拉斯·朱利恩（Stanislas Julien）教授写了一系列热情洋溢的书信致敬理雅各，对理雅各充满了赞誉之辞；学识渊博的艾尔肯斯（Edkins）博士高度评价理雅各英译《中国经典》，称赞理雅各完成了一项可比肩伟人的壮举：

"他志在揭示中国思想，展示中国人的道德、社会和政治生活的基石。这是一项伟大的事业……了解该书蕴涵的内容就使得我们处于一个有利的位置去评判那个国家的民众，这对于政治家了解中国，认识其思想基础、道德基础具有十分重要的意义。……这些经典于中国人犹如《圣经》于基督徒，莎士比亚于英语专业学生，《古兰经》于穆罕穆

① Legge, H. E. *James Legge: Missionary and Scholar*[M]. London: The Religious Tract Society, 1905: 34-35.

德……"①

作为特殊读者的传教士也对理雅各的《中国经典》有新的认识，传教士查莫斯(Chalmers)这样评价理雅各英译《中国经典》：

"我愈加坚信你所从事的译书事业对于传教士们具有十分重要的意义。我们必须把《中国经典》提升至基督教权威著作地位……我建议传教协会确定新规，传教士如果未尽力理解中国诗人或哲学家所言，最好不要进行传教。"②

由此可见，理雅各典籍英译满足了部分读者的期待视阈，符合他们的阅读审美需要，迎合了不同层次目的语读者的阅读需求，既满足了普通读者对中国文化的猎奇心，也为专业读者的学术兴趣提供了新的研究资源，还为肩负传教任务的特殊读者提供了关于中国文化的资源储备。

1820—1900 年期间《中庸》的传播与接受呈现鲜明的以宗教为导向的特色，翻译活动以传播基督教为宗旨，对《中庸》思想的理解与认识渗透了基督教思想的浸染，同时也夹杂着对中国儒家思想的推崇，翻译活动以深度翻译为主要方法。《中庸》译本读者群不占多数，但是特征突出，主要为对中国文化感兴趣的普通读者，对中国哲学、中国文化有较为深入研究的专家学者，在华或即将来华传教士以及在华学习英文的中国学生。他们对本时期的《中庸》译本持非常积极的态度，肯定了柯大卫和理雅各的翻译工作，也预示着东学西渐在 19 世纪末期开始引起西方世界的关注。

---

① Legge, H. E. *James Legge: Missionary and Scholar* [M]. London: The Religious Tract Society, 1905: 38-39.

② Legge, H. E. *James Legge: Missionary and Scholar*[M]. London: The Religious Tract Society, 1905: 45-46.

第三章　1900年至1960年期间《中庸》在英语世界的传播与接受

1900年至1960年期间，世界经历了两次世界大战、世界性的经济危机，原有的世界秩序一再被打破，曾经统治西方世界的宗教观、道德观、普世观、现代文明观在一次又一次的世界大战中被彻底颠覆，人们对于西方社会现代文明价值观产生了极大的怀疑、失望、不满乃至绝望，导致了无数迷惘的一代的产生。人们一方面不断修复两次世界大战带来的战争创伤，一方面却又因找不到精神出路而苦闷困惑，传统的道德信念已经破灭，而新的价值观又无从寻觅，现实的残酷与理想的冲突导致悲观情绪和反叛情绪的并存，社会开始弥漫着孤独感、异化感，人们陷入道德困境，产生认同危机等。在这种精神世界动荡不安、没有思想引领的时代，汉语典籍作为东方思想的代表悄然登台，被引介至西方世界并产生了一定的影响。辜鸿铭、休中诚、林语堂、庞德等知识分子、哲学家、作家、诗人通过英译《中庸》将自身对中国哲学思想文化的思考传播至英语世界，为《中庸》在英语世界的传播作出了积极的贡献。本章将重点梳理1900—1960年期间《中庸》在英语世界的译介，探究其间《中庸》的接受状况，归纳和总结其相应的特点。

第一节　1900年至1960年期间《中庸》英译

1900—1960年期间，辜鸿铭、休中诚、理雅沃、林语堂、庞德等知识分子、哲学家、作家、诗人将《中庸》译介至英语世界，他们充分发挥译者主体性，结合其自身的哲学思考诠释《中庸》，并将其融入翻译实践中，他们的英译实践对于我们理解《中庸》如何在现代西方世界生成与发展具有重要的参考价值。

一、辜鸿铭(Ku Hung Ming)的《中庸》英译

(一)译者简介

辜鸿铭(Ku Hung Ming，1857—1928)生于马来西亚槟榔屿的一个华侨世家。13岁前往英国留学，后游学欧洲多国，先后获得爱丁堡大学(University of Edinburgh)文学硕士学位、莱比锡大学(Leipzig Unversity)土木工程硕士学位。通晓英语、德语、法语、西班牙语、希腊语、拉丁语等多种西方语言，精于西学西政。回国后，致力于儒学文化研究，不遗余力地对外传播儒学思想，成为学贯中西的文化大家。同时，由于其独特的文化保守思想观——对现代西方文明弊病的针砭，对中国传统文化的推崇，又使其在当时"新文化运动"盛行的文化界和思想界显得尤其另类，被称为清末文化"怪杰"①。

辜鸿铭先后将《论语》《中庸》和《大学》引介至西方世界，在西方学术界产生了极大的影响。辜鸿铭曾师从英国浪漫主义思想大师托马斯·卡莱尔(Thomas Carlyle)②，深受卡莱尔思想影响，对西方现代文明的弊病有着深刻的认识。他通过译作和英文专著向西方世界直接传递中国文化和精神，探讨中国文明与西方文明的差异，抨击西方列强对中国的侵略以及西方世界对中国文化、历史的偏见和歧视。

---

① 辜鸿铭．辜鸿铭文集[M]．黄兴涛，译．海口：海南出版社，1996：1.

② 托马斯·卡莱尔(Thomas Carlyle)，1795—1881，苏格兰著名作家、评论家、历史学家。

(二)译本介绍

辜鸿铭的《中庸》译本于1906年由上海墨丘利(Mercury)有限公司(也译为别发洋行)出版，书名译为 *The Universal Order, or Conduct of Life*(《宇宙秩序或人生指南》)，后于1908年收录入"东方智慧丛书"("The Wisdom of the East Series")，该丛书由柯兰梅-宾(L. Cranmer-byng)和卡帕蒂亚(S. A. Kapadia)主编，伦敦约翰·穆勒(John Murray)出版社出版，书名译为 *The Conduct of Life or The Universal Order of Confucius*(《人生指南或孔子的宇宙普遍秩序》)，并于1912年、1920年、1928年重版。相较于1906年版本，之后的译本注释更为简练，序言也有所增减。1908年和1912年版的"序言"增补了有关《中庸》成书及内容特点的介绍，删掉了"何为道德或不道德"的译者论述及其他内容。同时，也删除了初版的ABCD附录。辜鸿铭的译本以朱熹《四书集注·中庸章句》为原文，但其对《中庸》章节进行了顺序调整。辜鸿铭的译本无中文对照。一般以1906年版本为经典版本。五个版本的《中庸》译本基本信息如下面两表所示：

版本	《中庸》书名	单行本/收录入	出版社	出版年
1906年版	*The Universal Order, or Conduct of Life*	单行本	Shanghai Mercury, Ltd.	1906
1908年版	*The Conduct of Life or The Universal Order of Confucius*	"The Wisdom of the East Series" Edited by L. Cranmer-byng & Dr. S. A. Kapadia	London: John Murray	1908
1912年版	*The Conduct of Life or The Universal Order of Confucius*	"The Wisdom of the East Series" Edited by L. Cranmer-byng & Dr. S. A. Kapadia	London: John Murray	1912

续表

版本	《中庸》书名	单行本/收录入	出版社	出版年
1920 年版	*The Conduct of Life or The Universal Order of Confucius*	"The Wisdom of the East Series" Edited by L. Cranmer-byng & Dr. S. A. Kapadia	London: John Murray	1920
1928 年版	*The Conduct of Life or The Universal Order of Confucius*	"The Wisdom of the East Series" Edited by L. Cranmer-byng & Dr. S. A. Kapadia	London: John Murray	1928

版本	译者序	中英文文本对照	注释	术语表	章节	原文出处	附录
1906 年版	有	无	文内注释，详细	无	33 章	朱熹《四书集注・中庸章句》	有 ABCD
1908 年版	有	无	文内注释，简略	无	33 章	同上	无
1912 年版	有	无	文内注释，简略	无	33 章	同上	无
1920 年版	有	无	文内注释，简略	无	33 章	同上	无
1928 年版	有	无	文内注释，简略	无	33 章	同上	无

以上表格显示，1906 年版《中庸》英译本注释和附录最为丰富，共有 ABCD 四条附录，其余版本均没有附录，并且注释甚为简略。以 1906 年版和 1908 年版对比为例，1906 版的第 1 章注释包含三段文字，而 1908 年版第 1 章注释只有两行字；1906 年版的第 7 章附有近五页注释，1908 年版第 7 章仅配有五行字的注释；1906 年版第 9 章附有近四页注评，而 1908 年版第 9 章仅有一个段落的评注。1906 年版第 11 章附有一页注评，而 1908 年版第 11 章则没有注评。如下表所示：

章节	1906年版章节注释	1908年版章节注释
I	三整段文字	两行文字
VII	五页文字	五行文字
IX	四页文字	一整段文字
XI	一页文字	无

此外，辜鸿铭的《中庸》译本（所有版本）还对朱熹《四书集注·中庸章句》的某些章节顺序进行了调整，如下表对照所示：

辜鸿铭《中庸》英译本章节	朱熹《四书集注·中庸章句》章节	辜鸿铭《中庸》英译本章节	朱熹《四书集注·中庸章句》章节	辜鸿铭《中庸》英译本章节	朱熹《四书集注·中庸章句》章节
I	I	XII	XII	XXIII	XXIII
II	II	XIII	XIII	XXIV	XXIV
III	III	XIV	XIV	XXV	XXV
IV	IV	XV	XV	XXVI	XXVI
V	V	***XVI***	***XX***	***XXVII***	***XXVII***
VI	VI	XVII	XVII	**0**	***XXVIII***
VII	VII	XVIII	XVIII	XXIX	XXIX
VIII	VIII	XIX	XIX	XXX	XXX
IX	IX	***XX***	***XVI***	XXXI	XXXI
X	X	XXI	XXI	XXXII	XXXII
XI	XI	XXII	XXII	XXXIII	XXXIII

辜鸿铭译本中的第16章为朱熹《四书集注·中庸章句》的第20章，辜鸿铭译本中的第20章为朱熹《四书集注·中庸章句》的第16章，辜鸿铭译本的第27章包含了朱熹《四书集注·中庸章句》中的第27章和第28章，辜译本没有第28章。① 辜鸿铭在其译本中大胆行使译者权

① 笔者对比了辜鸿铭五个版本，均未在其译本中找到第28章。

利，对原文文本进行了一定程度的改写，例如调整章节顺序等，借助译本传达译者的思想主张。

(三)译本注释

辜鸿铭1906年版译本注释尤为丰富，可以通过对比辜鸿铭译本原文章句行数与其注释行数，一览辜鸿铭译本注释概貌(以1906年版本前12章注释为例)：

《中庸》原文章节	辜鸿铭译本章句行数	辜鸿铭译本注释行数	《中庸》原文章节	辜鸿铭译本章句行数	辜鸿铭译本注释行数
I	31	22	VII	10	104
II	13	2	VIII	6	20
III	6	6	IX	7	80
IV	14	16	X	26	3
V	3	6	XI	16	50
VI	15	47	XII	28	35

具体比例如下图所示：

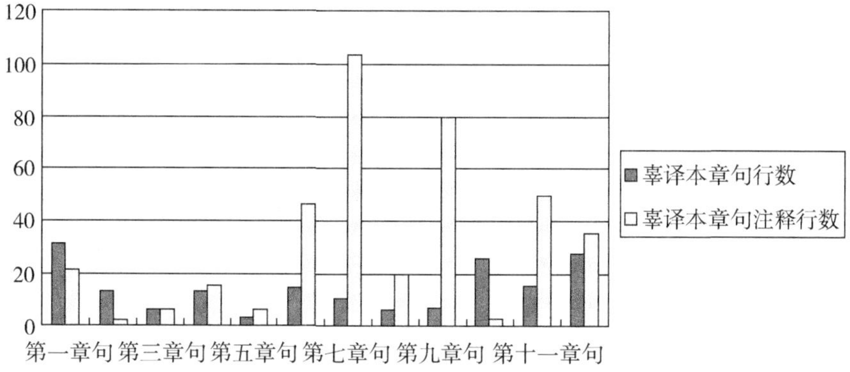

显然，辜鸿铭译本注释远远超出译文正文篇幅，有些部分注释篇幅甚至为译文正文的数倍，足见译者对于注释的重视。此外，辜鸿铭1906年版还配有ABCD四个附录，大篇幅阐述其关于中国与西方的道德、政治、文化之见解。

辜鸿铭在译本注释中大量引证西方经典哲学、文学名言，与《中庸》进行横向类比，强调《中庸》思想与西方经典哲学思想的相似性。例如在第1章译文的注释(原文："喜怒哀乐之未发，谓之中；发而皆中节，谓之和。中也者，天下之大本也；和也者，天下之达道也。"①辜鸿铭译文："When the passions, such as joy, anger, grief and pleasure, have not awakened, that is our true self (中) or moral being. When these passions awaken and each and all attain due measure and degree, that is the moral order (和). Our true self or moral being is the great reality (大本 lit. great root) of existence, and moral order is the universal law (达道) in the world."②)中，译者就大量引用西方哲学家马修·阿诺德③的引文类比《中庸》里的"中"：

"'真实的自我'('中')——其实指我们内在的中心自我，或者如马修·阿诺德先生所言，指'将我们与宇宙秩序连接的我们道德感的中心线索'。阿诺德先生也把它叫做'永恒的自我'。因此，如上文所言，它是我们存在的根。阿诺德先生说，'我们内在的力量和天性犹如内在的道德倾向，本身具善，但是需要有中心(道德)倾向使其和谐并存'。"④

辜鸿铭在此处引用马修·阿诺德先生关于"真"的讨论，以说明《中庸》的"中"即真实的自我，以帮助西方读者理解"中"的含义。在第3章

---

① 朱熹．四书集注[M]．长沙：岳麓书社，2004：21.

② Ku Hung Ming. *The Universal Order, or Conduct of Life: A Confucian Catechism* [M]. Shanghai: The Shanghai Mercury Ltd., 1906: 2-3.

③ 马修·阿诺德(Matthew Arnold)，1822—1888，英国近代诗人、教育家、评论家。

④ Ku Hung Ming. *The Universal Order, or Conduct of Life: A Confucian Catechism* [M]. Shanghai: The Shanghai Mercury Ltd., 1906: 3.

注释(原文："子曰：'中庸其至矣乎！民鲜能久矣。'"①译文：Confucius remarked：—"To find and get into the true central（中）balance of our moral being, *i. e.* , our true moral ordinary（庸）self, that indeed is the highest human attainment. People are seldom capable of it for long."②)中，辜鸿铭引证爱默生(Emerson)所言类比"中庸"含义：

"爱默生道：'人类生活的重要事实一直未被我们所见。猛然间遮盖的迷雾被揭开，得以让我们直面它，我们不禁感叹，如果早知这些事实，我们怎会虚度光阴(好时光)！'"③

辜鸿铭引证爱默生所言，论证日常生活的事实常被人们忽略，直到某一时刻突然意识到事情的真相或本质。在第6章注释(原文："子曰：'舜其大知也与！舜好问而好察迩言，隐恶而扬善，执其两端，用其中于民，其斯以为舜乎！'"④译文："Confucius remarked：—'There was the Emperor Shun. He was perhaps what may be considered a truly great intellect. Shun had a natural curiosity of mind and he loved to inquire into near facts (literally 'near words', meaning here ordinary topics of conversation in everyday life). He looked upon evil merely as something negative; and he recognized only what was good as having a positive existence. Taking the two extremes of negative and positive, he applied the mean between the two extremes in his judgement, employment and dealings with people. This was the characteristic of Shun's great intellect.'"⑤)中，辜鸿铭将欧洲文学巨匠莎士比亚和歌德与舜帝进行比较：

---

① 朱熹. 四书集注[M]. 长沙：岳麓书社，2004：23.

② Ku Hung Ming. *The Universal Order, or Conduct of Life: A Confucian Catechism* [M]. Shanghai：The Shanghai Mercury Ltd.，1906：4.

③ Ku Hung Ming. *The Universal Order, or Conduct of Life: A Confucian Catechism* [M]. Shanghai：The Shanghai Mercury Ltd.，1906：4-5.

④ 朱熹. 四书集注[M]. 长沙：岳麓书社，2004：24.

⑤ Ku Hung Ming. *The Universal Order, or Conduct of Life: A Confucian Catechism* [M]. Shanghai：The Shanghai Mercury Ltd.，1906：7.

“舜帝的大智大慧其实可以与近代欧洲的两位知识巨人相提并论——莎士比亚和歌德。莎士比亚的伟大在于他所有剧本中没有任何一位角色本质上(生来就是)是邪恶的……爱默生也说：‘我们通过观察一个人对世界怀有的最广泛的希望以评判他的智慧。’如果这是真的话，那么目前弥漫在个体和国家中的被称作悲观主义的东西其实就是知识的病态、缺陷乃至畸形的表现。”①

辜鸿铭不惜笔墨，用整整两页篇幅的注释对第 6 章进行深入解读，对比分析舜帝、莎士比亚和歌德关于人性的共同认识，指出对人性持有积极态度的人才应该是智慧之人。

辜鸿铭还充分利用译本前言及附录，阐述其关于中西文明之认识，指出中国文明和中国社会秩序观在现代社会中的重要作用。辜鸿铭在《中庸》译本序言中写道：

“绝大多数人相信中国旧式的秩序正在消亡，人们欢呼新学和进步文明的到来。而我却相信中国旧式的秩序不会就这么消亡。因为我认为这些旧秩序——中国文明和中国社会秩序——是一种道德文明，是真正的社会秩序，它符合事物的本质，绝不可能就这样消失。……《中庸》译本清晰地阐述了这种道德责任感，在中国文明体系中，它是构建人类行为与社会秩序的基石。当然这一切并不包含‘新学’，而是包含更好的‘真学’。在每一个曾经拥有文明的国家的最好的文献中都能找到关于它的不同形式的表述。正如我在译本注释中指出的，写于 2000 年前的这本书中所阐述的道德责任感可以在现代欧洲最伟大、最优秀的思想家的最新著作中找到同样的表述。”②

辜鸿铭认为《中庸》思想重点阐述了道德责任感，这是中国文明的

---

① Ku Hung Ming. *The Universal Order, or Conduct of Life: A Confucian Catechism* [M]. Shanghai: The Shanghai Mercury Ltd., 1906: 7-8.

② Ku Hung Ming. *The Conduct of Life or the Universal Order of Confucius: A Translation of One of the Four Confucian Books, Hithero Known as the Doctrine of the Mean* [M]. London: John Murray, 1908: 9, 13.

基石，这种思想与当时入侵中国、大肆掠夺中国财富的欧洲人形成鲜明的对比，那是因为欧洲人抛弃了他们曾经笃信的道德责任感，反而成为了不文明的代言人。辜鸿铭还在附录ABCD中，对欧洲的教育、道德情感、公平正义等进行了深入的论述，指出道德文明是一切文明社会的重要基石，而中国文明正是拥有如此深厚的道德文明感，才能历经几千年仍然伫立于世界。辜鸿铭的译书目的十分清楚，那就是通过翻译，把《中庸》蕴涵和表现的中国文明传播至西方世界，让西方人了解中国文明的精髓和其重要性，因为中国文明和道德责任感才是拯救世界的最锐利的武器。

辜鸿铭充分利用前言、注释、附录等副文本，用西方读者熟悉的西方哲学理论、文学典故来解释和发现中西哲学思想的异同，拉近西方读者对于《中庸》的距离，减轻西方读者的阅读困难，增强其认同感，提高其理解力，同时也借副文本阐发个人思想。

（四）核心术语翻译

核心术语翻译在很大程度上反映了译者关于《中庸》的认识，辜鸿铭《中庸》译本核心术语翻译也不例外，如下表所示：

《中庸》术语	辜鸿铭《中庸》术语英译	《中庸》术语	辜鸿铭《中庸》术语英译
中庸	The universal order, or conduct of life	诚	truth
中	the true central	仁	benevolence, perfect virtue
和	moral order	君子	the moral man
天	God	性	our moral being, the law of our being
道	the moral law	德	moral qualities
教	religion	礼	the laws and usages of social life, established religious/moral and social institutions

辜鸿铭译本中的核心术语大多与"moral"(道德)相关，如"道""和""君子""德""性""礼"等分别被译作"the moral law""moral order""the moral man""moral qualities""our moral being""moral and social institutions"等，因为辜鸿铭认为《中庸》的核心思想就是宣扬道德责任感，从家庭的基本伦常至社会的最高规范无一不受道德责任感的侵染，道德责任感是一个文明世界的最重要的基石，是一切社会秩序的根本基础，道德责任感是中国文明或中国文化最突出的部分，中国文明的这种道德责任感在《中庸》中得到了最有力、最完整和丰富的表达，《中庸》就是对这种"道德责任感的阐述和解释，它构成了中国文明设计下的人类行为和社会秩序的基础"①。辜鸿铭希望《中庸》译本能够帮助西方人更好地理解"道"，形成一种更明白、更深刻的道德责任感，在与他国人民交往时循道而行。可见，核心术语英译已然成为译者表达思想的有利武器。

二、理雅沃(Leonard A. Lyall)与金诚昆(King Chien-Kun)的《中庸》英译

(一)译者简介

关于理雅沃(Leonard A. Lyall)与金诚昆(音译，King Chien-kun)的生平，可供查询的资料微乎其微。理雅沃(1867—?)曾英译《中庸》《孟子》《孔子箴言》(《论语》)，著作有《中国(现代世界与史事)》(*China (the Modern World; a Survey of Historical Forces)*)。金诚昆(King Chien-kun)的相关信息没有任何资料可寻。从亚马逊购书网页的书评记录上，可以查阅到二位译者的《中庸》译本是最受欢迎的译本之一。

(二)译本介绍

理雅沃与金诚昆的《中庸》译本书名为 *The Chung-Yung or The*

① 辜鸿铭. 辜鸿铭文集[M]. 黄兴涛，译. 海口：海南出版社，1996：512.

Centre, *The Common*(《中庸或中心、平常》),于1927年由伦敦Longmans, Green and Co. Ltd. 公司出版。译本的基本情况如下:

版本	单行本	译者序	中英文文本对照	注释	尾注	术语表	附录	原文出处
1927年第一版	是	译者所著	无	脚注,详细	无	无	无	朱熹《四书集注·中庸章句》

理雅沃与金诚昆的译本以朱熹《四书集注·中庸章句》为源语文本,共33个章节。该译本无中英文对照,未配有术语表与附录。

(三)译本序言与注释

理雅沃与金诚昆的《中庸》译本前言长达27页,而其《中庸》译本正文只有24页,足见其对译本前言的重视,如图所示:

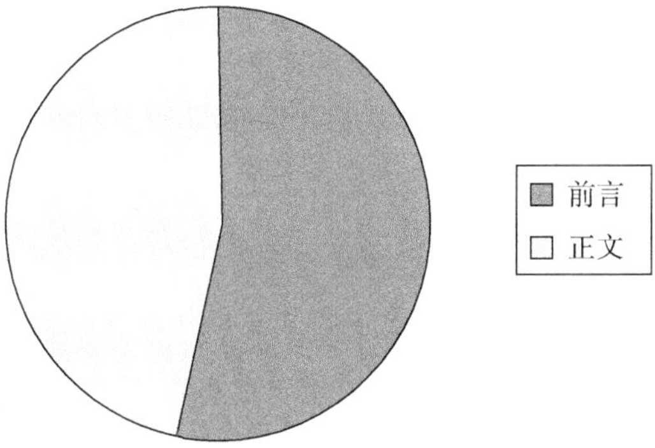

在前言中,译者对《中庸》作者生平、《中庸》含义、儒家起源、发展及其主要特征做了十分详尽的介绍和解释,同时也加注了译者关于儒家思想的认识,例如理雅沃与金诚昆如是解释"中庸"的含义:

"'中庸'不是圣人所希望的生活。圣人关注另外一个世界;他的欲望与激情已经死去；他内心静谧安宁。‘中庸’也不是另外一种极端的生活；受制于欲望与激情的生活将我们带入‘网罟、陷阱中；无人知道如何逃脱’。‘中庸’，一种介于灵魂与肉体之间，介于人与事物之间的生活，是君子的生活，或是小国王的生活。君子的行动受心灵的指引。因他为人善良，善解人意，他充分展示了人与物所具有的美与善，他的行动与其周围协调一致。”①

理雅沃与金诚昆将“中庸”理解为一种实实在在的生活形态，而不是一种不可捉摸的形而上的神秘存在，“中庸”这种生活形态不走极端，强调与周围的协调。正是由于译者对《中庸》贴近读者心理和审美需求的诠释使得其译本一直备受西方读者推崇。

理雅沃与金诚昆《中庸》译本注释为脚注，注释中除了简要介绍《中庸》文本涉及的中国历史、相关人物和一些基本概念以外，还大量引证东西方文学、哲学经典以类比《中庸》蕴涵的意义，帮助目的语读者理解《中庸》。例如，在第 15 章的注释(原文：“君子之道，辟如行远必自迩，辟如登高必自卑。《诗》曰：‘妻子好合，如鼓瑟琴。兄弟既翕，和乐且耽。宜尔室家，乐尔妻帑。’子曰：‘父母其顺乎矣乎！’”②理雅沃与金诚昆译文：“The way of the gentleman is like walking far, we must begin near; like climbing high, we must begin low. The *Poem* says: ‘A wife and sons united in love/ Are like the strains of lute and lyre./ When the brothers chime in too/ Deep are the peace and the gladness!/ With thy house and home in order/ Glad are thy wife and little ones.’ The master said: ‘And should it not be well too with the father and mother?’”③)中，理雅沃与金诚昆引用惠特曼(Walt Whitman)的《我自己的歌》(*Song of Myself*)中

① Lyall, L. A. & Chien-kun, King. *The Chung-Yung or The Centre, The Common* [M]. London: Longmans, Green and Co. Ltd., 1927: xxi.

② 朱熹. 四书集注[M]. 长沙：岳麓书社，2004：29.

③ Lyall, L. A. & Chien-kun, King. *The Chung-Yung or The Centre, The Common* [M]. London: Longmans, Green and Co. Ltd., 1927: 7.

的诗句来解释和说明君子之道必须从最基础做起：

“我不能，也无任何人可以替你远行，/ 你必当亲自踏上旅程。/路途并不遥远，你定能力所及。/也许自你出生之日起，就已踏上旅程，只是不自知而已，/ 其实已行千山万水。”①

译者用英语读者熟悉的诗句比喻万丈高楼平地起，伟大的真理往往隐含在稀松平常的日子里，所以“中庸”就是一种实实在在的生活形态。在第19章的注释(原文：“践其位，行其礼，奏其乐，敬其所尊，爱其所亲，事死如事生，事亡如事存，孝之至也。郊社之礼，所以事上帝也。宗庙之礼，所以祀乎其先也。明乎郊社之礼、禘尝之义，治国其如示诸掌乎!”②理雅沃与金诚昆译文：To step into their seats, do their rites, play their music, look up to what they honoured, and love what was dear to them, to serve the dead as we serve the living, and serve those that are gone as we serve those that remain, is the height of piety. By the rites for Heaven and Earth the Lord Above is served, by the Family Temple rites forefathers are worshipped. With light on the rites for Heaven and Earth and the meaning of ancestral worship, to rule a kingdom would be like looking upon the palm. ③)中，译者引证缅因(Maine)在《古代法律》(*Ancient Law*)中关于罗马人和印度教徒的家庭观和家庭礼仪的阐述，对比中国的礼仪观念和西方礼仪观念的异同，以诠释中国文化的“礼”的意义：

“萨卡拉(sacra)是罗马的一种习俗，出现在较为原始古老的社会，是纪念家庭男性时必须举行的祭祀和仪式，也是该仪式永恒性的一种承诺和见证。无论它们出于什么性质——无论是否真的在所有的仪式中只是对某位神秘的祖先进行崇拜——它们无处不在，被用于检验家庭关系

---

① Lyall, L. A. & Chien-kun, King. *The Chung-Yung or The Centre, The Common* [M]. London: Longmans, Green and Co. Ltd., 1927: 7.

② 朱熹．四书集注[M]．长沙：岳麓书社，2004：31.

③ Lyall, L. A. & Chien-kun, King. *The Chung-Yung or The Centre, The Common* [M]. London: Longmans, Green and Co. Ltd., 1927: 10.

的神圣性。……印度教教教徒欲继承已故人的财产时，必须履行为其举行隆重的葬礼仪式。如果仪式不得当或被不合适的人主持，继承者将被取缔继承权。……印度教徒人生中每一次重要的事件似乎都与这些庄重肃穆的仪式相关……" ①

理雅沃与金诚昆在注释中引证其他古老民族文化对仪式的重视，以说明"礼"在古老文明中的重要作用，帮助西方读者了解和认识"礼"在中国文化中的重要意义，缩小西方读者与《中庸》文本的距离，促进读者对《中庸》的理解。

(四)核心术语处理

理雅沃与金诚昆同样重视《中庸》核心术语的翻译，更多地运用以目的语读者为导向的翻译策略英译核心术语，如下表所示：

《中庸》术语	理雅沃与金诚昆《中庸》术语英译	《中庸》术语	理雅沃与金诚昆《中庸》术语英译
中庸	The center, the common	诚	true
中	the center	仁	benevolence, perfect virtue
庸	the common	君子	a gentleman
和	tune	性	nature
天	Heaven	德	the mind
道	the Way	礼	good form
教	teaching		

理雅沃与金诚昆对《中庸》核心术语的英译呈通俗化倾向，易为普通读者理解和接受，例如，"和"译为"tune"，"教"译为"teaching"，

① Lyall, L. A. & Chien-kun, King. *The Chung-Yung or The Centre, The Common* [M]. London: Longmans, Green and Co. Ltd., 1927: 10-11.

"君子"译为"a gentleman"，"中"译为"the center"等。之前的译本通常将"教"译作"learning"（柯大卫译），"instruction"（理雅各译），"religion"（辜鸿铭译），理雅沃与金诚昆则将"教"译为"teaching"（原文："天命之谓性，率性之谓道，修道之谓教。"①理雅沃与金诚昆译文："The voice of Heaven we call nature; what gives scope to nature we call the Way; what keeps trim the Way we call teaching."②）：

"教师不一定是新的生活方式的发现者。教师的工作应是使最能展现我们天性的方式保持在一个最佳状态，使后来者不必再殚精竭虑地去开拓新的方式。……检验教就是检测其是否实现了目标。"③

理雅沃与金诚昆认为孔子就是一名教师，身体力行地践行了"教"的意义，即修道、知行。而关于"中""庸"的含义，他们认为"中"指"中心"，表示一种心灵态度，即在心灵与肉体之间保持不偏不倚的态度，"庸"指日常、普通，"中庸"强调这种不偏不倚的态度应成为日常行为态势，而不是只在特殊场合中才出现。理雅沃与金诚昆的《中庸》核心术语英译体现了让原作者接近读者的翻译路径，减轻了阅读过程中的理解障碍。

三、林语堂的《中庸》编译

（一）译者简介

林语堂（1895—1976）出生于福建龙溪。1912 年考入上海圣约翰大学，1919 年秋赴哈佛大学攻读硕士学位，1922 年获得文学硕士学位。同年赴德国莱比锡大学攻读语言学，1923 年获博士学位。先后在北京大学、北

① 朱熹．四书集注[M]．长沙：岳麓书社，2004：21.

② Lyall, L. A. & Chien-kun, King. *The Chung-Yung or The Centre, The Common* [M]. London: Longmans, Green and Co. Ltd. 1927: 1.

③ Lyall, L. A. & Chien-kun, King. *The Chung-Yung or The Centre, The Common* [M]. London: Longmans, Green and Co. Ltd. 1927: xii.

京师范大学、厦门大学、香港中文大学、新加波南洋大学任教。林语堂曾获得诺贝尔文学奖提名，并担任国际笔会副会长。林语堂著作、译作丰富，特别是在向英语世界推介中国文化方面作出了杰出的贡献。他不仅用英语写作作品，同时还对中国典籍进行节译、编译，其中，《孔子的智慧》(*The Wisdom of Confucius*)和《老子的智慧》(*The Wisdom of Laotse*)两部译作在英语世界产生了较大的反响。林语堂毕生从事中西文化传播与交流，如其所言，“两脚踏东西文化，一心评宇宙文章”。林语堂的英语作品还包括《吾国与吾民》(*My Country and My People*)、《生活的艺术》(*The Importance of Living*)、《京华烟云》(*The Moment in Peking*)等。

(二)译本介绍

林语堂《中庸》译本为编译本，以辜鸿铭《中庸》译本为蓝本，在此基础上做了某些改动，收录于其所著《孔子的智慧》(*The Wisdom of Confucius*)一书中，该著作于 1938 年由兰登书屋(Random House)出版。林语堂将《中庸》书名译为 *The Central Harmony*，同时删减了辜鸿铭《中庸》译本中的大量注释，诸如歌德诗歌、阿诺德语句、《圣经》语录等。此外，林语堂还修正了辜鸿铭译本中某些他认为偏离了孔子思想的翻译，并重新划分了辜鸿铭《中庸》译本意义段落。林语堂《中庸》译本基本信息如下表所示：

版本	单行本或收录入	译者序	中英文文本对照	脚注	术语表	章节	原文出处	附录
1938 年第一版	收录入《孔子的智慧》	有	无	有，很少	无	33 章	朱熹《四书集注·中庸章句》	文本中重要人物、文本中人名的发音等

林语堂认为，《中庸》并非孔子箴言杂乱无序的堆砌，自有其严密的逻辑结构与深奥的内涵。他将朱熹《四书集注·中庸章句》重新划分为十个部分，对每一个部分冠以标题，并对个别章句顺序进行了调整，如下表所示：

林语堂译本段落划分		对应朱熹版本章节	林语堂译本段落划分		对应朱熹版本章节
第一部分	The Central Harmony	1	第六部分	Ethics and Politics	保留了第20章大部分，除却该章结尾部分。
第二部分	The Golden Mean	2,3,4,5,7,8,9,10,11	第七部分	Being One's True Self	第20章结尾部分,21
第三部分	Moral Law Everywhere	12,16	第八部分	Those Who Are Absolute True Selves	22,23,24,25,26
第四部分	The Humanistic Standard	13, 15,14	第九部分	Eulogy on Confucius	27,28(整合了原文第28章部分内容,另有部分内容与第29章合并),29,30,31,32
第五部分	Certain Models	6,17,18,19	第十部分	Epilogue	33

林语堂译本将朱熹《四书集注·中庸章句》分为十个部分，每一个部分包括几章，其中原文第6章被调整至第五部分，第16章被调整至第三部分，第15章被调整至第13章、第14章之间，第20章的结尾部分被纳入第七部分，原文第28章部分内容被合并至第29章。林语堂对辜鸿铭译本中的某些短语和句子进行了删减或增补。此外，林语堂还删除了辜鸿铭译本中内容丰富的脚注，代之以极为简短的脚注，以方便普通读者阅读。

(三)译本前言与注释

林语堂译本前言内容较为丰富，主要介绍儒家思想特征、孔子性格、翻译方法等内容。他认为儒家思想在现代社会自有其存在的基础和发展的空间：

“儒家思想代表了一种建立在个人修养基础之上，通过道德途径实现的理性的社会秩序。它旨在建立一种以道德秩序为基础的政治秩序，试图通过实现人自身的道德和谐来寻求政治和谐。”①

林语堂认同辜鸿铭关于《中庸》的认识，认为道德秩序是儒家思想的一个极为重要的组成部分，是维护社会理想秩序的重要基石。林语堂还对儒家思想在现代社会面临的主要危机及其前景提出了自己的认识：

“在现代社会，儒家学说面临的更大劲敌不是基督教，而是工业时代带来的一整套西方思想、生活方式、社会秩序等问题。如果儒家思想作为一种政治制度欲恢复封建秩序，必将被现代政治科学和经济学的发展赶下历史舞台。然而，我坚信儒家思想作为一种人文主义文化，作为一种关注社会生活的行为准则的基本观点将会继续存在。”②

林语堂清晰地认识到儒家思想在现代社会面临的问题、存在的困境及其存在的价值，指出如欲将儒家思想作为改变现代社会的武器，那无疑注定失败，但是如果将其视作人文思想修养基础，儒家思想则大有发展前景。

林语堂还在前言中阐述了英译汉语典籍的翻译方法。他提倡释译法(paraphrasing)，即通过解释原文文本进行翻译。林语堂认为古汉语文字极其简略，一字多义，典籍中字字藏意，例如，“固”字包含“牢固”(strong)、“固执”(stubborn)、“执著”(persistence)、“偏执”(narrow-

① Lin Yutang. *The Wisdom of Confucius* [M]. New York: Random House, 1938: 6.

② Lin Yutang. *The Wisdom of Confucius* [M]. New York: Random House, 1938: 4.

mindedness)、“粗俗”(vulgarity)、“见识短”(limited in knowledge)、“有时也”(sometimes also)等，译者要从中找出准确的意义的确非易事。因此，翻译汉语典籍时，首先要确定术语的古汉语意义，而后“再确定其在特定语句中的特殊意义和多层次含义”①，这在一定程度上赋予了译者极大的责任与自由，使得译者必须慎重对待典籍文本。又如，林语堂不赞同将“礼”译为“ritual”“ceremony”，认为“礼”的含义十分丰富，在不同的语境中承载不同的含义。当“礼”泛指儒家的一般社会哲学时，可以用“the principle of social order”来表达；当“礼”指个人行为时，则可以用“moral principle”来英译。林语堂还认为用“kindness”“charity”“benevolence”英译“仁”，远未能传达“仁”的含义，因为“仁”在具体语境中还包含“true man”“great man”“the most complete man”等儒家最高意义的“人”的含义。林语堂认为，英译汉语典籍核心术语时，应反复琢磨其具体含义，将多个备选项放入具体文本中反复研读，并且专研典籍中的原文注释或注评，直至确定其意义，用释译方法传达核心术语及典籍意义。林语堂认为英译汉语典籍时，译者的注释对于读者理解文本的确具有十分重要的意义，但是如果译者过度行使译者权利，在注释中大肆妄评原文意义，并借此宣扬自己的思想和主张，则值得商榷。林语堂亲自践行自己的主张，尽可能克制自己不对译文做评论。②林语堂的《中庸》编译本中的注释的确十分简洁，主要针对译文中出现的某些人物或典故作一番简要说明。

(四)核心术语处理

林语堂十分重视核心术语的翻译，在辜鸿铭译本基础上对部分术语进行了重译，如下表所示：

---

① Lin Yutang. *The Wisdom of Confucius* [M]. New York: Random House, 1938: 49.

② Lin Yutang. *The Wisdom of Confucius* [M]. New York: Random House, 1938: 46.

《中庸》术语	林译本	辜译本	《中庸》术语	林译本	辜译本
中庸	the central harmony, the universal moral order	the universal order or conduct of life	诚	true self	truth
中	moral being	the true central true self	仁	true manhood	benevolence, prefect virtue
和	harmony, moral order	moral order	君子	the moral man or superior man	the moral man
天	God	God	性	the law of our human nature	our moral being, the law of our being
道	moral law	the moral law	德	virtue	moral qualities
教	culture	religion	礼	The laws and usages of social life	the laws and usages of social life, established religious/moral and social institutions

以第一章中的“性”“教”的英译为例(原文:“天命之谓性，率性之谓道，修道之谓教。”①辜鸿铭译本:“The ordinance of *God* is what we call *the law of our being*(性). To fulfill the law of our being is what we call *the moral law*(道). The moral law when reduced to a system is what we call

① 朱熹. 四书集注[M]. 长沙: 岳麓书社, 2004: 21.

religion(教)."[①]林语堂译本:"What is *God-given* is what we call human nature. To fulfill *the law of our human nature* is what we call *moral law*. The cultivation of the moral law is what we call *culture*.[②]),辜鸿铭译本中的"性"被译作"the law of our being",林语堂将"性"译作"the law of our human nature",突出人的本性意义。辜鸿铭译本中的"教"被译作"religion",林语堂则将其译作"culture",突出"教"的文化功能意义,他认为"教"不是单指一种宗教或教化、教育,而是指一种文化的养成。再以第3章中的"中"为例(原文:"子曰:'中庸其至矣乎!民鲜能久矣!'"[③]辜鸿铭译本:"Confucius remarked:'To find and get into the true *central*(中) *balance of our moral being*, i. e., our true moral ordinary (庸) self, that indeed is the highest human attainment. People are seldom capable of it for long.'"[④]林语堂译本:"Confucius remarked:'To find *the central clue to our moral being* which unites us to the universal order, that indeed is the highest attainment. For a long time, people have seldom been capable of it.'")[⑤],辜鸿铭译本的"中"被译作"the true central balance of our moral being",强调"中"的道德平衡作用,林语堂则将"中"译作"the central clue to our moral being",突出了"中"的过程性,而非一种停滞状态。尽管林语堂重译了部分术语,但是总体上还是与辜鸿铭译本保持了一致。

---

① Ku Hung Ming. *The Universal Order, or Conduct of Life: A Confucian Catechism*[M]. Shanghai: The Shanghai Mercury Ltd., 1906: 1.

② Lin Yutang. *The Wisdom of Confucius*[M]. New York: Random House, 1938: 104.

③ 朱熹. 四书集注[M]. 长沙: 岳麓书社, 2004: 24.

④ Ku Hung Ming. *The Universal Order, or Conduct of Life: A Confucian Catechism*[M]. Shanghai: The Shanghai Mercury Ltd., 1906: 4.

⑤ Lin Yutang. *The Wisdom of Confucius*[M]. New York: Random House, 1938: 105.

四、休中诚(Ernest Richard Hughes)的《中庸》英译

(一)译者简介

休中诚(Ernest Richard Hughes[①], 1883—1956)出生于英格兰，曾在牛津大学(Oxford University)接受教育。1911 年作为伦敦传教士社团(London Missionary Society)成员前往中国传教，在福建汀州传教 18 年。直到 1933 年接受牛津大学邀请回英国任教。1934—1947 年，休中诚在牛津大学任中国哲学和宗教讲师。从牛津大学退休后，休中诚前往美国讲学，先后在加利福尼亚大学(University of California)、加利福尼亚大学伯克利分校(University of California, Berkeley)、克莱蒙特学院(Claremont College)等高校的中国研究中心任教或访学。休中诚编译、英译出版了《古典时期的中国哲学》(*Chinese Philosophy in Classical Times*)、《〈大学〉与〈中庸〉》(*The Great Learning & The Mean-in-Action*)、《新理学》(冯友兰　著)等。在牛津大学担任中国哲学和宗教讲师期间，休中诚创立了汉学科，推进了汉学在牛津大学乃至整个英国高校的发展。

休中诚对中国文化怀有真诚的热爱，他对中国知识分子、中国人民在第二次世界大战中的遭遇怀有深切的关怀。在《中庸》译本前言中，休中诚本着至高的敬意介绍了与其共事于牛津大学的中国同事王维诚[②]。王维诚得知抗日战争爆发，自己的祖国正在遭受日本侵略，果断放弃牛津优渥的生活，义无反顾地返回战乱中的中国，投入抗战，最后

---

① Ernest Richard Hughes 亦被译为修中诚、许士、胡飞驷。关于休中诚的背景，无论是网页还是相关图书馆都极为有限，笔者曾联系牛津大学图书馆相关人士，但迟迟未得到回复。目前，关于休中诚的背景介绍主要来自信息极为有限的官方网页和其译本前言。另可参考：江晓梅.《中庸》英译研究——基于理雅各、辜鸿铭、休中诚、陈荣捷、安乐哲和郝大维译本的研究[M].武汉：武汉大学出版社，2016：62-63.

② 王维诚，音译，生卒年不详，1937—1939 年牛津大学中文讲师。

战死沙场。休中诚认为这种舍身忘己的崇高理想深深植根于中国人的血液中，是中国儒家思想、中国文明最为令人敬仰、令人尊重的精华。休中诚对中国儒家思想文化的认识渗透于其《中庸》英译中。

（二）译本介绍

休中诚的《中庸》译本收录入《〈大学〉与〈中庸〉》（*The Great Learning & The Mean-in-Action — Newly Translated from the Chinese, with an Introductory Essay on the History of Chinese Philosophy*），于 1942 年由 J. M. Dent & Sons Ltd. 公司出版。休中诚的《中庸》译本以阮元《善本十三经注疏附校勘记》为蓝本，译本配有前言、注释、附录等。休中诚《中庸》译本基本信息如下表所示：

版本	单行本或合集本	序言	中英文文本对照	注释	单词及术语表	原文出处	附录	出版商
1942 年第一版	收录入 *The Great Learning & The Mean-in-Action*	译者著	无	深度注释	无	阮元《善本十三经注疏附校勘记》	5 条附录	London: J. M. Dent & Sons Ltd.

休中诚《中庸》译本分为十九部分，每一部分被冠以标题以突出其中心意义，如下表所示：

休译本各部分标题		休译本对应朱熹版章节
第一部分	An Appreciation of Tzu Ssu's *Mean-in-Action* by a Later Scholar	1
第二部分	Tzu Ssu Invokes Confucius's Authority for the Idea of the Mean in Action	2,3,4,5,6,7,8,9,10,11

续表

休译本各部分标题		休译本对应朱熹版章节
第三部分	The Material World Is Limited, the Way Unlimited	12
第四部分	Confucius's Authority Invoked to Show That the Way of the Mean is One Which Involves an Unlimited Demand on Every Sort of Individual, and Also Is Mixed up with Religion	13,14,15,16
第五部分	Outstanding Personality Cannot but Have Wide and Continuing Influence, as Is Proved by the Hero Saints of Tradition	17,18,19
第六部分	The Governing of Men	20（第20章的最后一部分并入第七部分）
第七部分	Reality in Heaven and Realness in Man	第20章的最后一部分,21
第八部分	Human Realness in Action: Its Power to Bring Completion in Development	22,23
第九部分	Human Realness in Action: The Ability to Foreknow	24
第十部分	Realness Again in Relation to Completion of Things	25
第十一部分	Realness Transcends the Material	26(第26章前部分)
第十二部分	The Amplifier Illustrating the Previous Argument in His Own Way	第26章后部分从"今夫天，斯昭昭之多"至该章结尾
第十三部分	The Amplifier Exalts the Ritual Code	27,第28章第一句"子曰：'愚而好自用，贱而好自专'……不制度,不考文"
第十四部分	The Son of Heaven's Unique Responsibility	第28章后面部分
第十五部分	The Only Way in Which a Monarch Can Obtain Obedience	29

续表

休译本各部分标题		休译本对应朱熹版章节
第十六部分	The Interaction of Politics and Natural Processes	30
第十七部分	In Order to Rule the Emperor Must Have Sage-like Qualities	31
第十八部分	Tzu Ssu Links Human Realness to the Spiritual Power of Heaven	32
第十九部分	The Amplifier Reinforces Tzu Ssu's Argument	33

休中诚认为《中庸》不是分裂的独立篇章的简单拼凑，而是具有内在逻辑关联的完整篇章，它揭示了中国哲学核心概念"中""和""诚"的发展与关系，是一部极为重要的中国儒家哲学著作。与林语堂译本相比较，休中诚译本未对原典的章节顺序进行重新调整，只是对极个别章节内容(第20章，第26章，第28章)结尾部分进行了分段与合并。

(三)译本的前言与注释

休中诚十分重视序言与前言作为副文本的重要功能，其译本的序言与前言占全书近二分之一的篇幅，休中诚在其中时常结合当时的社会现状分析《中庸》思想，提出其见解与认识，主要体现在如下两个方面：

一是探讨《中庸》思想与当下社会之关系。休中诚十分重视典籍的现代功用，时常结合社会现状，探究《中庸》思想与当下社会的契合点，寻求解决问题的方法。正如译本序言开篇第一段所言：

"如果一本古书与今天的我们相关联的话，那么这本古书有可能在任何时代都与书写这本书的国家的人民和其他国家的人民相关联。那个国家的人民如何看待这本书对我们而言就变得紧密相关了。的确，如果我们忽略了这种相关性，我们就很轻易地忽略它与我们当下的关联。……读者将会在这两部译本中发现生活在一个新时代的古人的观点，即旧世界在他们眼前急速变化，同时他们也意识到新的思考的力量。这两本书的作者怀着令人钦佩的诚实，行使了这种新的思考力量，使得他们对生命和宇宙充满了信心。他们的所思所想变成了一面面镜子，供后来跋涉在旅途中的男性、女性用以审视自己和自己的宗教行为。"①

休中诚认为《中庸》《大学》等典籍作为具有前瞻意识的前人的思想结晶，与现代社会有着内在的逻辑承接关系，可以帮助现代人修身养性、审视自我、反思社会、寻求精神出路。

二是结合《中庸》及儒家思想对西方现代文明提出批评与再认识。休中诚《中庸》译本前言由四个部分组成，即"《中庸》《大学》与我们时代""'伟大传统'里的变化及其可预见性与不可预见性""产生《中庸》《大学》的社会""《中庸》《大学》作者"四部分。休中诚在前言中追溯了儒家思想流传至西方世界的历程，对儒家思想的重要人物及其影响作了详细的介绍，同时对《中庸》《大学》中蕴涵的儒家思想与古代中国社会以及现代文明的关系进行了分析和论述。休中诚认为儒家思想对于欧洲并不陌生，早在17世纪利玛窦(Matteo Ricci)②就曾将儒家思想引介至西方世界，在西方知识界引起了轰动，激发了很多知名学者对东方儒家思想的浓厚兴趣，莱布尼茨(Gottfried Wilhelm Leibniz)③就认为，欧洲应该认真学习中国的实用哲学，实用的美德是集行动和知识中的善于一体，唯有如此，才能实现完美的幸福(诚)④。休中诚认为西方社会当下

---

① Hughes, E. R. *The Great Learning & The Mean-in-Action—Newly Translated from the Chinese, with an Introductory Essay on the History of Chinese Philosophy* [M]. London: J. M. Dent & Sons Ltd., 1942: v; viii.

② 利玛窦(Matteo Ricci)，1552—1610，意大利天主教耶稣会传教士，是天主教最早来华传教人士之一，也是第一位英译汉语经典的西方学者。

③ 莱布尼茨(Gottfried Wilhelm Leibniz)，1646—1716，德国哲学家，数学家。

④ Hughes, E. R. *The Great Learning & The Mean-in-Action—Newly Translated from the Chinese, with an Introductory Essay on the History of Chinese Philosophy* [M]. London: J. M. Dent & Sons Ltd., 1942: 21.

缺少向内的哲学，而儒家思想提倡向内审视自我，慎独，寻求心灵的平静，对事物持中和的态度值得当下西方社会学习。

休中诚还十分重视译本的注释。其译本注释十分丰富，主要为文内隐注。文内隐注指译者将文本注释直接放入译文正文中，“与原典的正文翻译相融合，读者若未与原典仔细对比就很难区分”①，文内隐注巧妙地将译者的思考与文本融为一体，使得阅读更为流畅连贯。休中诚在注释中对《中庸》文本的语句进行细致解释，大量引证西方哲学经典，并结合当时的社会现实，阐发其个人见解和主张以诠释《中庸》的现实意义。例如在第 28 章注释中(原文：“……虽有其位，苟无其德，不敢作礼乐焉。虽有其德，苟无其位，亦不敢作礼乐焉。”②休中诚译文：“Although a man occupy the throne, if he has not the corresponding moral personality, he has not the right to make new rituals and music. Nor if he has the moral personality but does not occupy the throne has he this right.”③)，休中诚结合《中庸》思想对当时希特勒政权的侵略行径进行了抨击，指出“二战”使得世界政治、经济、文化处于分裂状态，在备受战争践踏的世界里，唯有怀有最为崇高理想的人才敢幻想未来统一的天下，如何才能让西方人学会“中之道”(Way of the Mean)④呢？在第 18 章注释(原文：“子曰：‘无忧者，其惟文王乎！以王季为父，以武王为子，父作之，子述之。……尊为天子。富有四海之内。宗庙飨之。子孙保之。’”⑤休中诚译文：“The Master said：‘The only man who has been

① 宋晓春．论典籍翻译中的“深度翻译”倾向——以 21 世纪初三种《中庸》英译本为例[J]．外语教学与研究(外国语文双月刊)，2014(6)：941.

② 朱熹．四书集注[M]．长沙：岳麓书社，2004：41.

③ Hughes, E. R. *The Great Learning & The Mean-in-Action—Newly Translated from the Chinese, with an Introductory Essay on the History of Chinese Philosophy*[M]. London: J. M. Dent & Sons Ltd., 1942: 136.

④ Hughes, E. R. *The Great Learning & The Mean-in-Action—Newly Translated from the Chinese, with an Introductory Essay on the History of Chinese Philosophy*[M]. London: J. M. Dent & Sons Ltd., 1942: 137.

⑤ 朱熹．四书集注[M]．长沙：岳麓书社，2004：30-31.

without sorrow is King Wen. He had Wang Chi for father and King Wu for son. The father laid the foundation, and the son built on it. ... In dignity he became the Son of Heaven, in wealth he owned all within the four seas. Temple sacrifices were made to him, and his memory was cherished by his descendants.'"①)中，休中诚对于文中强调的礼仪尊卑、社会秩序规范等在中国社会的意义进行了详细解释：

"有些读者也许认为这一切离我们的世界太遥远，毕竟我们没有生活在封建社会里……的确，在西方现代社会，我们不似两千年前的中国人更为重视祖先的存在。但是子思在这里并不仅仅指祖先崇拜，他更关注连续性，关注个体性格在社会持续生活中的连续性。……这使我不禁回想美国宪法的起始……杰弗逊犹如周文王，华盛顿犹如武王……我想对于90%持有宗教信仰的人而言，美国宪章作为美国社会的宪法代表了某种使他们相信个体生活连续性的东西：他们的生活，他们孩子的生活。这正是子思的观点。……正是这种伟大的人格在人的血液和骨子里延续。"②

休中诚采用符合西方读者阅读审美需求的例证来解释《中庸》强调的社会规范的延续性和必要性，以帮助读者理解《中庸》强调的社会秩序在人类生活中的重要意义，很显然他是赞同儒家对社会规范礼仪的重视，认为这是维护人类社会发展的必要条件。

(四)核心术语的处理

休中诚同样十分重视《中庸》译本核心术语英译，如下表所示：

---

① Hughes, E. R. *The Great Learning & The Mean-in-Action—Newly Translated from the Chinese, with an Introductory Essay on the History of Chinese Philosophy*[M]. London: J. M. Dent & Sons Ltd., 1942: 115-116.

② Hughes, E. R. *The Great Learning & The Mean-in-Action—Newly Translated from the Chinese, with an Introductory Essay on the History of Chinese Philosophy*[M]. London: J. M. Dent & Sons Ltd., 1942: 116-117.

《中庸》术语	休中诚译本核心术语	《中庸》术语	休中诚译本核心术语
中庸	the Mean-in-Action	诚	realness, real
中	the state of equilibrium	仁	man-to-man-ness
和	a state of harmony	君子	the man of principle
天	Heaven	性	the nature
道	the Way	德	spiritual power
教	instruction in systematic truth	礼	the laws and usages of social life

休中诚翻译《中庸》核心术语时，并非简单地复制前人的译文，而是根据自己对原文的理解，结合已有译文，进行对比分析与批评，最后提出最佳译文。例如，休中诚将“中庸”译为“the Mean-in-Action”，他认为用“The Doctrine of the Mean”表达“中庸”并不准确，因为“‘中’指中心(centrality)，‘庸’指普遍的活跃性，‘中庸’不是指绝对地处于中间位置的一种静止状态，更多地是指两种极端夸张的错误之间的中的真理，是一个动态的行动”①。

关于“君子”的英译，休中诚认为“superior man”并不能准确表达君子的含义，虽然“‘君子’最初的确指统治阶层一员，之后孔子赋予‘君子’新的含义，指真正有修养和高尚的人，无论他是否属于统治阶层”②。休中诚将“君子”译为“the man of principle”，即“有原则的人”。同样，关于“仁”的英译，休中诚也提出了新的认识。例如第 25 章中的“仁”被译为“man-to-man-ness”而非“benevolence”或“human-heartedness”

① Hughes, E. R. *The Great Learning & The Mean-in-Action—Newly Translated from the Chinese, with an Introductory Essay on the History of Chinese Philosophy*[M]. London: J. M. Dent & Sons Ltd., 1942: 1.

② Hughes, E. R. *The Great Learning & The Mean-in-Action—Newly Translated from the Chinese, with an Introductory Essay on the History of Chinese Philosophy*[M]. London: J. M. Dent & Sons Ltd., 1942: ix.

(原文：“成己，仁也；成物，知也。”①休中诚译文：“The completing of the individual self involves man-to-man-ness(*jen*). The completing of things in general involves knowledge.”②)。休中诚认为“仁”是连接“非我”与“自我”的“和之桥”(bridge of harmony)的一个组成部分，将其译为“man-to-man-ness”而非“human-heartedness”是因为个体的自我完善不能仅仅依靠人与人之间的友情实现，还取决于情感、志向和行动。③ 由此可见，休中诚对核心术语的翻译不是简单复制前人译文，而是对这些术语进行深入剖析，参悟其意义，将其关于术语的理解与认识用他认为得当的语言表述。

五、庞德(Ezra Pound)的《中庸》英译

(一)译者简介

庞德(Ezra Pound，1885—1972)出生于美国爱达荷州的海利镇，曾就读于宾夕法尼亚州立大学、汉密尔顿学院(Hamilton College)，主攻美国历史、古典文学、英语语言文学，于 1906 年获汉密尔顿学院文学硕士学位。庞德是美国现代诗歌运动的主要代表人物。庞德对中国古诗和日本诗歌非常感兴趣，从中汲取了简洁、精确、节省的语言表达方式，创立了诗歌意象派，在现代文学史上占有重要的一席。从 20 世纪初期开始至 20 世纪中期，庞德大部分时间在欧洲度过，先后旅居英国、法国、意大利等国。庞德发表了《华夏集》(*Cathay*)、《休·塞尔温·莫伯利》(*Hugh Selwyn Mauberley*)、《诗章》(*The Cantos*)等。此外，庞德还是

---

① 朱熹．四书集注[M]．长沙：岳麓书社，2004：38.

② Hughes, E. R. *The Great Learning & The Mean-in-Action—Newly Translated from the Chinese, with an Introductory Essay on the History of Chinese Philosophy*[M]. London: J. M. Dent & Sons Ltd., 1942: 131.

③ Hughes, E. R. *The Great Learning & The Mean-in-Action—Newly Translated from the Chinese, with an Introductory Essay on the History of Chinese Philosophy*[M]. London: J. M. Dent & Sons Ltd., 1942: 132.

一位出色的翻译家，曾先后翻译《论语》《大学》《中庸》以及日语、希腊语、意大利语作品。庞德本人不是很精通中文，他翻译的中文诗歌和经典是通过日语文本转译，其间获得美国相关专家的帮助。

（二）译本介绍

庞德的《中庸》英译本首次刊印在 *Pharos*（1947）冬季刊（第4期），与《大学》英译本合并出现，书名为 *The Unwobbling Pivot & The Great Digest*，其中，《中庸》书名译为 *The Unwobbling Pivot*（《不摇摆的中枢》）。后又于1951年以 *Confucius*：*The Great Digest & The Unwobbling Pivot* 在"Stone Classics"（Peter Owen Limited, London）中出版，《中庸》书名译为 *Chung Yung*：*The Unwobbling Pivot*。1969年首次以单行本形式由 New Directions Paperbook 出版社出版，同时又被加拿大企鹅有限出版公司出版。庞德的《中庸》译本还由纽约 New Directions Publishing Cooperation 出版，书名为 *Confucius*：*The Unwobbling Pivot/Great Digest/The Analects*（孔子：《中庸》《大学》《论语》）。庞德的《中庸》译本为节译本，以朱熹《四书集注·中庸章句》为原文文本，但只英译了前26章。

庞德在译本注释中明确解释其译书目的："2400年前的子思需要用忠诚和信仰阐述孔子的思想（儒学思想）到底能起什么作用。而现如今，纵观中国千年历史，一切不言而喻。"庞德还解释了只翻译《中庸》前26章的初衷，他认为前26章足够表达孔子思想，"这也就是为什么我对《中庸》的翻译到此停止，至少暂时停止"①。庞德指出英译《孔子》《大学》《中庸》《论语》和《诗经》时，参照了英国汉学家理雅各的英译本《中国经典》（*Chinese Classics*）和法国19世纪汉学家波蒂埃（M. G. Pauthier）的法译本《四书》（*Les Quartre Liv res de Philosophie Morale et Politique de la Chine*，1841），并且借助英国最早的汉学家之一——马礼逊（Robert

① Pound, E. *Confucius*：*The Great Digest & The Unwobbling Pivot*[M]. London：Peter Owen Limited, 1951：188.

Morrision）编撰的《华英词典》和马修（Mathew）的《汉英字典》完成翻译工作。庞德的《中庸》译本基本信息如下表所示：

版本	单行本/收录入	书名	序言	中英文文本对照	注释	术语表中英文文本对照	原文出处	附录	出版商
1947	收录入 *Pharos* 冬季刊（第 4 期）	*The Unwobbling Pivot & The Great Digest*	无	无	无	无	朱熹《四书集注·中庸章句》	无	
1951	收录入 "Stone Classics"	*Confucius: The Great Digest & The Unwobbling Pivot*	无	有	少量	有	朱熹《四书集注·中庸章句》	无	London: Peter Owen Limited
1969	单行本	*The Unwobbling Pivot*	无	无	少量	有	朱熹《四书集注·中庸章句》	无	New Directions Paperbook
1969	收录入	*Confucius: The Unwobbling Pivot/Great Digest/The Analects*	无	无	少量	有	朱熹《四书集注·中庸章句》	无	New York: New Directions Publishing Cooperation

上表显示，庞德的《中庸》译本无序言，也无附录，注释很少，唯有 1951 年版本附有中英文文本对照。

庞德《中庸》译本只包含朱熹《四书集注·中庸章句》前 26 章，如下表所示：

庞德《中庸》译本章节	朱熹《四书集注·中庸章句》章节	庞德《中庸》译本章节	朱熹《四书集注·中庸章句》章节	庞德《中庸》译本章节	朱熹《四书集注·中庸章句》章节
I	I	XII	XII	XXIII	XXIII
II	II	XIII	XIII	XXIV	XXIV
III	III	XIV	XIV	XXV	XXV
IV	IV	XV	XV	XXVI	XXVI
V	V	XVI	XX	0	XXVII
VI	VI	XVII	XVII	0	XXVIII
VII	VII	XVIII	XVIII	0	XXIX
VIII	VIII	XIX	XIX	0	XXX
IX	IX	XX	XVI	0	XXXI
X	X	XXI	XXI	0	XXXII
XI	XI	XXII	XXII	0	XXXIII

庞德将这26章分为形而上、政治、伦理道德三个部分，如下图和下表所示：

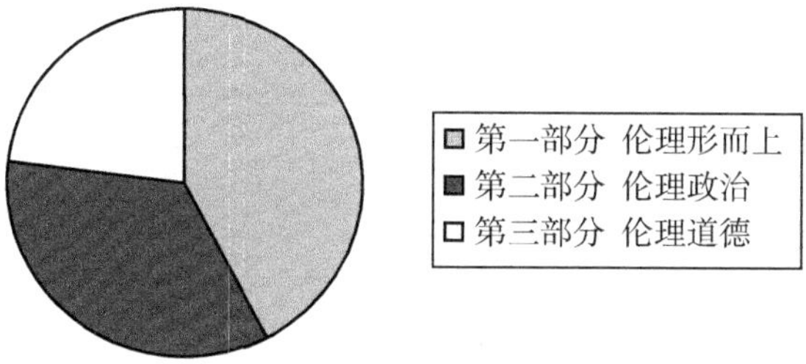

庞德《中庸》译本	章节	主题
子思第一主题(第一部分)	1-11章	形而上
子思第二主题(第二部分)	12-20章	政治
子思第三主题(第三部分)	21-26章	伦理道德

庞德给三部分冠以相应的标题：子思第一主题，子思第二主题，子思第三主题。第一部分关于形而上，由前 11 章组成，主要讨论“诚”，即至诚如何对事物产生影响。第二部分关于政治，由第 12 章至第 20 章组成，主要谈论君子以人治人。第三部分关于伦理道德，由第 21 章至第 26 章组成，主要讨论如何修身正身。每一部分中的章节又细分为小节，过分细化的文本使得译本呈现语录性质般的文体风格，使得译文的流畅性受到一定的影响。

（三）核心术语的处理

庞德《中庸》译本核心术语英译充分体现了译者对已有译本的继承与发扬，如下表所示：

《中庸》术语	庞译本	《中庸》术语	庞译本
中庸	the unwobbling pivot	诚	sincerity
中	in the axis, in the center	仁	humanity
和	harmony	君子	the master man, the man of true breed
天	heaven	性	the inborn nature
道	the process, ethical system	德	the“know thyself” carried into action
教	education	礼	rites

庞德英译《中庸》时主要参考理雅各的《中庸》英译本，在“和”“天”“教”“诚”“性”“礼”“仁”等核心术语的英译方面，庞德译本基本维持了理雅各译本的表述。但是对《中庸》书名的翻译则与理雅各译本不一致，理雅各的《中庸》译本书名为 *The Doctrine of the Mean*，庞德将《中庸》书名译为 *The Unwobbling Pivot*，指“不变的中心”“不变的中枢”，突出了“不变的，恒定的”含义。“君子”被译为“the master man, the man of true breed”，突出了“君子”的血统和地位，“道”被译为“the process, ethical system”，淡化了“道”的形而上意义，突出了其伦理意义和过程性。在尊重经典译本术语表述的同时，庞德仍然根据其对部分术语的理解进行了新的诠释与翻译，充分体现了译者关于《中庸》的独特认识。

在本阶段还有一部《中庸》译本，由程林(Cheng Lin，音译)翻译，收录入其英译著作《四书——儒学经典》(*The Four Books — Confucian Classics*)。该套《四书》译著为首部由中国人英译的著作。译本章节与段落依照特定主题，顺序呈现。人名与术语依照1918年政府颁布之拼音系统。该译本英语表达清晰，风格独特，在文字和意味的传递上比较忠实于原文，但是缺少注释、注解、人物介绍，使得读者阅读较为困难。此外，在儒学术语翻译方面存在表达不一致和相互重复的现象，例如“仁”同时被译作“perfect virtue”“moral perfection”“benevolence”“goodness”，“道”被译作“truth”“highest ideal”“virtue”“moral law”等，译者并未对这些术语的英译做进一步的阐述。①

1900—1960年期间，以辜鸿铭、理雅沃与金诚昆、林语堂、休中诚、庞德为传播主体的译者将《中庸》译介至英语世界，他们不拘泥于文字之间的转换，充分发挥译者主体性，结合其自身的哲学思考诠释《中庸》，并将其融入翻译实践中，为遭受了两次世界大战、世界经济危机打击的学者、知识分子、普通读者提供了一种反思现状，反省内心，探讨人类未来命运的精神出路，践行了其译书以致用的目的。

第二节　1900年至1960年期间《中庸》在英语世界的传播与接受特点

1900年至1960年期间爆发了两次世界大战和全球性的经济危机，

---

① Cheng Lin. *The Four Books—Confucian Classics* [M]. In “Ancient Chinese Classics Series”, the World's Encyclopedia Institute, China Section. 上海：世界图书公司，1948. 由于种种原因，笔者未能获到该本译著，在此借陈荣捷所作书评做简单介绍。可参阅 Wing-Tsit Chan. Book Reviews [J]. *Philosophy East and West*, 1951(1, 3): 79-80.

给人类、给世界文明带来近乎毁灭性的打击，人类未来该何去何从？人们渴望从思想上寻找答案，从精神上寻求帮助，本阶段《中庸》的传播与接受深受这段特殊的历史事件影响，呈现其独有的特色：

一、译书以致用

以传播儒家思想为目的，以英译《中庸》为手段，促使人们反思当下社会现实，寻求新的精神出路是本阶段传播的一个重要特色。该阶段《中庸》传播主体为学者、作家等知识分子，他们拥有更为自由的思想和信仰，对人类的普遍命运更为关切，其翻译活动最突出的特色表现在其译书目的和功用性方面。他们认为在 20 世纪，儒家思想可以帮助失落的人们重新审视内心，审视自我，发现新的思想，为西方世界寻求新的精神出路。辜鸿铭认为道德责任感是一个文明世界最重要的基石，是一切社会秩序的根本基础，而道德责任感是中国文明或中国文化最突出的部分，中国文明的这种道德责任感在《中庸》中得到了最有力的表达。英译《中庸》是为了把《中庸》蕴涵和表现的中国文明传播至西方世界，让西方人了解中国文明的精髓和其重要性，"抛弃那种欧洲'枪炮'和'暴力'文明的精神和态度"①，让人与人、国与国之间的交往都遵从道德责任感。休中诚认为《中庸》及《大学》这些中国经典中的思想不同于西方思想，更有利于世界的和平与稳定，它们犹如黑暗中的希望之光，指出了现代社会应该走的思想路径。休中诚指出《中庸》《大学》犹如两面镜子供后人用以反思自我，因为"每个人在一定程度上都是哲学家，也就是说，你愿意也能够理解你世界中的现实，认识真实的自我，认识你的同类"②。休中诚认为《中庸》不仅仅是一部汉语典籍，只为有特殊需求的读者所用，而是一部能为所有读者提供精神寄托的著作，一面能

① 辜鸿铭. 辜鸿铭文集[M]. 黄兴涛，译. 海口：海南出版社，1996：513.

② Hughes, E. R. *The Great Learning & The Mean-in-Action*—Newly Translated from the Chinese, with an Introductory Essay on the History of Chinese Philosophy[M]. London: J. M. Dent & Sons Ltd., 1942: viii.

够帮助所有读者认识现代社会的镜子。休中诚和辜鸿铭译书旨在帮助西方读者更清醒地认识当前的社会现状，寻找更理想的精神依托，应对价值失落的混乱世界。

理雅沃与金诚昆、林语堂、庞德英译《中庸》更多地在于推介儒学经典，介绍和传播儒家思想。林语堂认为，今日的儒家思想受到整个西方思想和工业化时代带来的生活方式的影响，有可能被现代政治科学和经济挤出历史舞台。但是作为一种关注人类生活行为和社会行为的人文主义文化系统，儒家思想仍然有其存在的价值，并且将得到继续发扬。因此向西方世界介绍中国儒家经典，帮助他们了解中国的道德观念与传统思想具有重要的意义。① 林语堂更倾向于以目的语读者为导向的翻译风格，以通俗易懂的语言翻译《中庸》，以使西方读者更容易理解《中庸》表达的儒家思想，实现其传播目的。理雅沃和金诚昆同样认为儒家思想在现代社会依然具有其独特的价值，《中庸》思想有助于西方读者认识中国文明的精髓，从而对现实进行反思，培养更为包容的文化性格。

二、重视副文本功能的典籍英译

副文本(paratext)②只是相对于正文文本而言，指协调正文与读者关系，提供与正文相关的一切言语和非言语材料的文本，包括书内副文本或伴随文本(peritext)，例如封面、标题、序言、前言、注解、注释、附录、后记、装帧等。汉语典籍不仅思想意义十分丰富，还涉及深厚的思想文化背景知识，英译汉语典籍仅仅依靠语言转换难以完整传达原文文本蕴涵的意义，造成不对等现象的泛滥，阻碍对原文文本的理解。因此，在英译汉语典籍时，译者通常充分利用序言、前言、注释、附录等

① Lin Yutang. *The Wisdom of Confucius* [M]. New York: Random House, 1938: 4.

② 副文本概念由法国学者热奈特提出。热奈特(Gérard Genette, 1930—)，法国文学理论家，欧洲经典叙述学奠基人。

提供相应的文化背景介绍，以帮助读者获得更为准确的认识。纵观本阶段的《中庸》英译，可以发现本阶段译者格外重视副文本的运用，辜鸿铭、休中诚、理雅沃与金诚昆、林语堂的译本无论是前言篇幅还是注释篇幅都远超正文篇幅，他们充分利用前言、注释、附录等，不仅详细介绍了《中庸》文本的思想文化背景、儒家思想的起源与发展、《中庸》作者真伪之辩、写作年代之争、对中国思想传统的影响等，还详尽阐释其关于儒家思想与西方哲学思想的异同，抒发其关于世界文明如何发展的看法等，这些信息在很大程度上减轻了西方读者在阅读过程中产生的文化障碍，拉近了读者与原著的距离，促进了对原文本的理解，副文本在典籍英译中发挥了重要的作用。

三、以目的语读者为导向的翻译实践

相对于第一阶段拘谨的译文风格和可读性较弱的特点，该阶段《中庸》译者更加注重目的语读者的阅读需求，更信奉“带作者接近读者”而非“带读者接近作者”①的翻译原则，在忠实于原文的基础之上，尝试在语言表现形式、文本风格方面展现译者心目中的原文风格。辜鸿铭指出其在英译《中庸》时恪守了如下翻译原则：

“彻底掌握其中意义，不仅对等译出原作的文字，而且再现原作的文体风格。因为正如华兹华斯所言，‘内容很重要，但内容均需要有文体来表现或呈现’。而要再现其风格，那种出自古代圣哲、在文学中称之为 style 的东西，就必须努力使自己具有圣哲的性情和心境。”②

概括起来，就是既要忠实传达原文信息，也要重视再现原文文体风格，因为风格是表达信息的外衣，同样具有十分重要的作用。此处的文体风格并不是说原封不动地移植原文文体风格，更多地是指不拘泥于原文文字形式，用最适合目的语读者的方法翻译原文。以辜鸿铭译本对照

① Mundy, J. *Introducing Translation Studies*[M]. London: Routledge, 2001: 28.
② 辜鸿铭. 辜鸿铭文集[M]. 黄兴涛，译. 海口：海南出版社，1996：509.

理雅各译本为例：

> 原文：子曰："君子中庸，小人反中庸。君子之中庸也，君子而时中。小人之中庸也，小人而无忌惮也。"①
>
> 辜鸿铭译文：Confucius remarked —"The life of the moral man is an exemplification of the universal moral order. The life of the vulgar person, on the other hand, is a contradiction of the universal moral order. The moral man's life is an exemplification of the universal order, because he is a moral person who constantly lives his true self or moral being. The vulgar person's life is a contradiction of the universal order, because he is a vulgar person who in his heart has no regard for, or fear of, the moral law."②
>
> 理雅各译文：Chung-ni said, "The superior man *embodies* the course of the Mean; the mean man acts contrary to the course of the Mean. The superior man's embodying the course of the Mean is because he is a superior man, and so always maintains the Mean. The mean man's acting contrary to the course of the Mean is because he is a mean man, and has no caution."③

理雅各的译文过度忠实于原文的句式结构，但由于英汉两种语言属于不同的语系，天生的语言结构不兼容性导致译本中部分表述显得十分不自然，使得阅读极为不流畅。辜鸿铭则用简洁清晰的两个并列简单句和两个并列的因果复合句，对称又十分流畅地将原文蕴涵的复杂含义传达出来，句子表述流畅而自然，没有任何拗口别扭的表述，语言风格上更能为目的语读者所接受。

林语堂认为汉语典籍多为古汉语书写，语言异常简洁，再加上汉语

---

① 朱熹．四书集注[M]．长沙：岳麓书社，2004：23.

② Ku Hung Ming. *The Universal Order, or Conduct of Life: A Confucian Catechism* [M]. Shanghai: The Shanghai Mercury Ltd., 1906: 3-4.

③ Legge, James. *The Chinese Classics with a Translation, Critical and Exegetical Notes, Prolegomena, and Copious Indexes* (Volume Ⅰ)[J]. 台北：南天书局，1991: 386.

一词多义，因此英译汉语典籍时，应该尽可能采用解释性的翻译方法。林语堂的《中庸》译本虽然是编译本，但是他对辜鸿铭译本的某些表述进行了调整，以适应英语读者的阅读习惯，减少阅读障碍。以第20章为例：

原文：在下位不获乎上，民不可得而治矣。①

辜译本：If those in authority have not the confidence of those under them, government of the people is an impossibility. ②

林译本：If the people in inferior positions do not have confidence in those above them, government of the people is an impossibility.③

林译本将在下位的民众作为主语放入句子起始位置，与后面句子的主语相呼应，与原文在形式上也更为对称。

庞德的《中庸》译本更彰显了其独特的翻译观。庞德认为，在翻译过程中，“译者生命本体与原文生命本体的交流互动”是翻译的至上核心，“译者个体对原文艺术体验的价值”可以在一定程度上胜过“原文的现实存在”。④ 庞德认为翻译是一种创造美的活动，译文应该注重翻译原文意思，少纠缠于语法结构。他重视译者的主动性和能动性，强调译者对原文的解构，认为译者对原文文本具有主动的操纵权力。以《中庸》第3章为例：

---

① 朱熹．四书集注[M]．长沙：岳麓书社，2004：32.

② Ku Hung Ming. *The Universal Order, or Conduct of Life: A Confucian Catechism* [M]. Shanghai: The Shanghai Mercury Ltd., 1906: 42-43.

③ Lin Yutan. *The Wisdom of Confucius* [M]. New York: Random House, 1938: 121.

④ 周建新．庞德翻译观探析[M]．东北师大学报(哲学社会科学版)，2011(4)：154.

原文：子曰："中庸其至矣乎！民鲜能久矣。"①
庞德译文：He said: Center oneself in the invariable: some have managed to do this, they have hit the true center, and then? Very few have been able to stay there. ②
理雅各译文：The Master said, 'Perfect is the virtue which is according to the Mean! Rare have they long been among the people, who could practice.' ③
休中诚译文：The master said: "Perfect is the mean in action, and for a long time now very few people have had the capacity for it. "④

庞德译文首先用人称代词"he"取代"Master"，淡化了孔子的权威身份，拉近了孔子与读者的距离；其次用"连词+副词+问号"的句式"and then?"弱化了原文的严肃文体风格，增添了日常对话的话语特点，表现了译者作为诗人对于文本的解构与操纵。与之相对，理雅各译文则用两个对称的形容词倒装句式，拘束地再现原文庄重的文体风格，失去了阅读的趣味。

四、译书出版及读者接受

（一）译书出版

第二阶段的《中庸》译本出版呈现多样化的特点。首先，出版社不再单一，多家出版公司参与出版。辜鸿铭的《中庸》译本由 Shanghai

① 朱熹．四书集注[M]．长沙：岳麓书社，2004：23.

② Pound, E. *Confucius*: *The Great Digest & The Unwobbling Pivot* [M]. London: Peter Owen Limited, 1951: 105.

③ Legge, James. *The Chinese Classics with a Translation*, *Critical and Exegetical Notes*, *Prolegomena*, *and Copious Indexes* (*Volume I*) [M]. 台北：南天书局，1991: 387.

④ Hughes, E. R. *The Great Learning & The Mean-in-Action—Newly Translated from the Chinese*, *with an Introductory Essay on the History of Chinese Philosophy* [M]. London: J. M. Dent & Sons Ltd., 1942: 106.

Mercury Ltd. 和伦敦 John Murray 出版社出版，理雅沃与金诚昆的《中庸》译本由伦敦 Longmans, Green and Co. Ltd. 公司出版，林语堂的《中庸》译本由美国兰登书屋出版，休中诚的《中庸》译本由 J. M. Dent & Sons Ltd. 公司出版，庞德的《中庸》译本由 Peter Owen Limited、New Directions Paperbook、加拿大企鹅有限出版公司等出版。其次，出版地域相对集中，以英国伦敦的出版公司为重要出版中心，辐射北美洲，美国、加拿大出版社参与出版。这些出版社既有以出版学术书籍为主的出版社，例如 John Murray 出版社，也有以出版文学书籍为主的出版社，诸如兰登书屋(Random House)，这些出版社皆以出版经典著作扬名西方图书界。相对于第一阶段译者出版汉语典籍译著的艰难，本阶段的出版公司开始对汉语典籍英译持积极的态度，该阶段的译者一般都能得到出版社的出版资助。

(二)读者接受

普通读者对待该时期《中庸》译本的态度是积极而客观的，既对译本欣赏与喜爱，也对译本提出了质疑。持积极态度的读者认为这些《中庸》译本(例如辜鸿铭、休中诚译本)的注释十分丰富，有助于读者了解原文作者所处的时代背景，进而理解译本传达的儒家思想。还有读者认为这些译本可读性很强(例如林语堂、庞德译本)，译者本人充满智慧，透过其对原文的解读，中国儒家思想十分精彩地呈现给读者，对于欲探究孔子思想的读者极有帮助。对于庞德不懂汉语的事实，部分读者则持宽容态度，认为庞德虽然不懂汉语，但并不妨碍他理解儒学思想，翻译儒学思想，庞德真正为孔子创造了一个表达的声音，言简意赅、充满智慧、严肃认真。在庞德译本中，孔子犹如一位西部牛仔，惜字如金，然而一旦开口，却留给读者无限的遐想空间。还有读者认为，虽然有些译本可能更为忠实或充满诗意，但是没有哪一个译本能如庞德译本这样干净而又充满力量。庞德的译本对于初涉中国文化的读者而言是一本很好的入门著作。①

质疑的声音主要表现在译本读者定位或译本读者审美倾向方面。有读者认为对于不具备汉语基础知识或不了解中国文化背景的读者而言，理解汉语典籍犹如读天书般艰难，很难理解《中庸》《论语》《大学》等箴言体著作，经常陷入一种恶性循环，原本以为读懂了一部分内容，结果又陷入不知所云的境地。也有读者对于译本的注释提出了质疑，认为译本不应有过多注释，影响了阅读感受。还有部分读者认为译文叙述方式不连贯，呈现跳跃式，导致理解的困难(笔者注：估计是原文文本的箴言体形式导致的结果)。而对于庞德译本，有读者认为庞德译本中唯有诗歌部分的翻译展现了其才华，其他部分则令人可笑地松散混乱，使译本沦为娱乐读物。还有读者认为庞德的翻译缺乏诗意的表达，语言十分笨拙，渗透了太多个人风格，与原文只存在微妙的关系，表达更多的是庞德思想而不是孔子思想。有读者还对庞德的汉语修养提出了疑惑，质疑其是否准确理解了《中庸》原文意义。②读者的评阅意见反映了《中庸》等汉语典籍开始受到西方普通读者的关注，译者的翻译实践与努力受到了读者的赞赏，同时也受到读者客观的批评，总体呈现积极正面的阅读接受表现。

专业读者对本阶段《中庸》译本多持积极肯定的态度。有学者认为辜鸿铭的《中庸》译本十分出色，不仅内容忠实于原文，而且其译本极具启发性，有助于现代人理解《中庸》思想。③ 还有学者认为休中诚的《中庸》译本语言极为流畅，对《中庸》思想的理解准确，注释丰富，有

① https://www.amazon.com/Wisdom-Confucius-Modern-Library-No/product-reviews/B000WA3G72/ref=cm_cr_dp_d_show_all_btm? ie=UTF8&reviewerType=all_reviews.

② https://www.amazon.com/Confucius-Unwobbling-Pivot-Digest-Analects/product-reviews/0811201546/ref=cm_cr_dp_d_show_all_btm? ie=UTF8&reviewerType=all_reviews.

③ Lin Yutang. *The Wisdom of Confucius* [M]. New York: Random House, 1938: 45-46.

利于西方读者阅读《中庸》这类哲学意味浓厚的汉语典籍。当然，也有学者指出辜鸿铭译本注释过于丰富，频繁引证西方哲学家、文学家作品以表达译者的思想，如此一来干扰了阅读的流畅性。① 总体而言，学者更多地关注译本的准确性，同时也对目的语表达提出了较高要求。

1900—1960 年期间《中庸》的传播主体为学者、作家等知识分子，他们拥有更为自由的思想和信仰，对人类的普遍命运更为关切，他们英译《中庸》旨在传播儒家思想，促使人们重新审视内心，审视自我，反思当下社会现实，寻求新的精神出路。他们重视副文本的功用，充分利用序言、前言、注释、附录详细介绍《中庸》文本的思想文化背景，阐释其关于儒学思想与西方哲学思想异同的看法，并抒发自己关于世界文明发展的看法等，充分展示译者主体性对文本的操纵。此外，该阶段的译者更加注重目的语读者的阅读审美需求，倾向于采用以目的语读者为导向的翻译策略，在忠实于原文的基础之上，尝试在语言表现形式、文本风格方面更多地迎合目的语读者的阅读需求。《中庸》译本出版呈现多样化的特点，多家出版公司参与出版，足见《中庸》及其他汉语典籍在西方出版界的影响。本阶段普通读者更关注译本的可阅读性，专业读者更关注译本的准确性，《中庸》在英语世界开始得到读者的关注。

---

① Lin Yutang. *The Wisdom of Confucius* [M]. New York: Random House, 1938: 45-46.

第四章　1960 年至 2010 年期间《中庸》在英语世界的传播与接受

20 世纪六七十年代，西方思想文化运动进入大批判时期，年轻一代开始奉行与父辈截然不同的价值观，不断挑战原有的传统思维，对朝鲜战争、越南战争等进行严肃的反思和批判，原有的思想伦理、文化价值与标准不断受到抨击与反叛。此外，“二战”的结束使得世界各国人员流动、思想交流、文化交流与碰撞达到前所未有的兴盛，人们开始对不同的思想文化持包容的心态，虽然冷战时期的思想意识形态在较长时间内对西方政治有较大影响，但是西方学术界还是尽可能保持了一定的包容性和独立性。20 世纪八九十年代至 21 世纪，西方各国与其他国家在技术交流、文化交流、思想交流等方面都达到了一个新高，西方世界对外来思想也更为包容与开放，《中庸》及其他儒家典籍也为更多的西方读者认识。翟楚与翟文伯、陈荣捷、莫兰、浦安迪、安乐哲与郝大维等致力于英译《中庸》及其他儒家经典，并将他们对《中庸》及其他儒家经典的理解融入英译实践中，丰富了《中庸》在英语世界的传播，为传播儒家思想作出了重要贡献。本章将重点梳理 1960 年至 2010 年期间《中庸》在英语世界的译介，探究《中庸》的接受状况，归纳和总结其相应的特点。

第一节　1960 年至 2010 年期间《中庸》英译

1960—2010 年期间，翟楚与翟文伯、陈荣捷、莫兰、浦安迪、安乐哲与郝大维等学者和哲学家将《中庸》译介至英语世界，他们对《中庸》进行全新解读，从多角度解构和诠释已有的意义，结合考古新出土的《中庸》竹简本，提出新的术语英译，为《中庸》在英语世界的传播做出了引人瞩目的成就。

一、翟楚(Ch'u Chai)与翟文伯(Winberg Chai)的《中庸》英译

(一)译者简介

翟楚(Ch'u Chai，1906—1986)与翟文伯(Winberg Chai，1932—　)为美籍华人，是父子关系。翟楚 1906 年出生于安徽省泾县。入读清华大学，后获得奖学金资助，前往美国攻读学士学位，1927 年获得斯坦福大学学士学位，1932 年获得美国西北大学法学博士学位，并于 1932 年 10 月回国，任职于南京一家律师事务所。1937 年抗日战争全面爆发后，举家前往安徽、湖南长沙、重庆，曾为国民党将军张治中工作。在重庆，翟楚成为国立重庆法学院的首任院长。1949 年，举家前往台湾。1955 年，全家前往美国，并定居美国。翟文伯出生于 1932 年 10 月。1950 年前往美国留学，并于 1955 年获得威登堡大学(Wittenberg University)学士学位，1968 年获得纽约大学政治学博士学位。翟文伯在怀俄明大学(University of Wyoming)艺术与科学学院政治学系任教至退休。翟楚与翟文伯先后共同出版多部著作和译著。①

(二)译本介绍

翟楚与翟文伯的《中庸》英译本于 1965 年由 Bantam Books，Inc. 出版社出版，收录入他们主编的《孔子圣书及其他儒学经典》(*The Sacred Books of Confucius and Other Confucian Classics*)，该专著包括引言(儒家

---

① 翟楚、翟文伯生平简介出自笔者与翟文伯之女翟梅莉女士通信邮件，由翟梅莉女士提供。

作为人文主义、儒家作为宗教、儒家精神)、《论语》、《孟子》、《大学》、《中庸》、《孝经》、《礼记》、《董仲舒》等,《中庸》为第五部分,《中庸》书名译为 *Chung Yung* (*The Doctrine of the Mean*)。翟楚与翟文伯《中庸》译本基本信息和基本结构如下面两表所示:

版本	单行本/收录入	书名	引言	中英文文本对照	注释	单词及术语表中英文对照	原文出处	附录	出版商
1965 年第一版	收录入 *The Sacred Books of Confucius and Other Confucian Classics*	*Chung Yung* (*The Doctrine of the Mean*)	有	无	极少部分脚注	有	《礼记》之《中庸》篇	无	New York: Bantam Books, Inc.

<table>
<tr><th colspan="3">翟译本各部分标题</th><th>翟译本章节</th><th colspan="2">翟译本各部分标题</th><th>翟译本章节</th></tr>
<tr><td>第一部分</td><td colspan="2">General Statement</td><td>1,2</td><td>第四部分</td><td>The Attainment of Sincerity</td><td>22,23,24,25,26,27,28</td></tr>
<tr><td>第二部分</td><td colspan="2">The Doctrine of Chung Yung</td><td>3,4,5,6,7,8,9,10,11,12</td><td>第五部分</td><td>The Moral Influence of the Sage</td><td>29,30,31,32,33,34</td></tr>
<tr><td rowspan="3">第三部分</td><td rowspan="3">The Exposition of the Tao</td><td>General Statement</td><td>13</td><td rowspan="3">第六部分</td><td rowspan="3">The Conclusion</td><td rowspan="3">35,36,37,38,39,40,41</td></tr>
<tr><td>The Substance of the Tao</td><td>14,15,16,17</td></tr>
<tr><td>The Function of the Tao</td><td>18,19,20,21</td></tr>
</table>

翟楚与翟文伯的《中庸》译本选自《礼记》,译者依据对《中庸》主题思想的分析和研究,将《中庸》分为六个部分,即导论(General

Statement)、《中庸》原则(The Doctrine of *Chung Yung*)、关于"道"的解释(The Exposition of the *Tao*)、"诚"的实现(The Attainment of Sincerity)、圣人的道德影响(The Moral Influence of the Sage)以及结论(The Conclusion)等，并将原文中的章节划分至该六部分中，强调《中庸》是一部具有逻辑连贯性的著作，而非松散堆砌的箴言片段。由于译者在本书的导论部分已对孔子及儒学的相关核心概念进行了细致阐述，因此《中庸》译本中的注释和评注显得较为简洁。翟楚与翟文伯的《中庸》译本语言十分流畅，无论是对于初涉中国儒学思想的读者还是专业读者而言都是一部优秀的译作。

(三)译本前言

翟楚与翟文伯充分利用前言的副文本功能，对《中庸》文本背景知识做了细致的介绍，为英语读者阅读和理解《中庸》提供了重要的参考资料。在该书前言中，译者从三个方面对儒家思想进行了介绍，一是将儒家思想视作人文主义思想，认为孔子儒家思想的核心是"仁""义""礼"："仁"即仁爱，强调人际关系与美德，是孔子伦理、政治、生活理想的源泉，"仁"引导人们为他人着想，是崇高的情操；"义"是人类行动的最高准则，强调行动的正当性，即正义(rightousness)，它是"一种无条件和绝对的义务和责任"；"礼"是"道德情感和行为规范的外在形式"，"礼"使人的行为与理智和秩序和谐并存，完善了儒家人文思想的原则基础和价值基础。① 二是将儒家思想视作一种宗教思想。翟楚与翟文伯认为儒教与基督教一样都有其宗教基础。② 二者都传播教义，教

① Ch'u Chai & Winberg Chai. *The Sacred Books of Confucius and Other Confucian Classics*[M]. New York: Bantam Books, Inc., 1965: 1-4.

② Ch'u Chai & Winberg Chai. *The Sacred Books of Confucius and Other Confucian Classics*[M]. New York: Bantam Books, Inc., 1965: 12-18.

义被视作行为规范准则，为大众接受并被严格遵守。只不过基督教属于教堂宗教，儒教属于家庭宗教；基督教要求其信徒崇拜上帝，爱耶稣，而儒教则要求崇拜祖先，爱父母，以孝顺虔诚为其首要原则。儒教要求对长辈祖先孝顺，遵从祖先的规则与传统，这种孝顺虔诚的情感渗透于祖先崇拜仪式中，代代相传，这种延续性、这种共生情感可以视作一种宗教。三是对儒家思想影响力的认识。翟楚与翟文伯认为，儒家思想统治中国人的思维近2500年，对于中华民族心理性格的形成产生了重要的影响。儒家思想具有不断调整自己，适应新环境的适应能力，使得古老的中华文明未曾间断，延续至今，形成了强大的生命力，值得深入研究。

翟楚与翟文伯还在前言中对《中庸》著作进行了细致的解析。他们指出中国儒家思想的一个基本核心即强调平衡关系，从个体平衡到家庭井然有序，再至国家治理有方，直至幸福和谐的世界。《中庸》就是其中一部宣扬中国人文主义道德理想的著作。“中庸”之道不是走中间路线，而是指追寻大同世界的和谐；“中庸”倡导正义与公平，提倡包容精神、和谐、公正原则。《中庸》的核心是追寻“道”，通过“道”，才能成为真正的人，这样的人才具有圣人的美德，而这样的“道”只能通过人自身的诚和中庸才能获得。① 译本丰富的前言给读者提供了充足的儒家思想背景知识，有利于读者理解《中庸》。

（四）核心术语的处理

翟楚与翟文伯《中庸》译本核心术语翻译具有鲜明的特色，以音译和意译相结合的方式传达核心术语的含义，如下表所示：

① Ch'u Chai & Winberg Chai. *The Sacred Books of Confucius and Other Confucian Classics*[M]. New York: Bantam Books, Inc., 1965: 305.

《中庸》术语	翟楚与翟文伯译本术语	《中庸》术语	翟楚与翟文伯译本术语
中庸	Doctrine of the Mean	诚	sincerity
中	equilibrium, mean	仁	*jen*
和	harmony	君子	*chün-tzu*
天	Heaven	性	man's nature
道	*Tao*	德	virtue
教	culture	礼	*li*

以《中庸》第1章术语英译为例(原文:"天命之谓性,率性之谓道,修道之谓教。道也者,不可须臾离也;可离,非道也。……是故君子戒慎乎其所不睹,恐惧乎其所不闻。莫见乎隐,莫显乎微,故君子慎其独也。"①译文:That which Heaven confers is called "man's nature"; the development of this nature is called the *Tao*; the cultivation of the *Tao* is called culture. The *Tao* cannot be disregarded even for a moment. If it may be disregarded, it is not the *Tao*. Hence the *chün-tzu* is ever cautious regarding matter not yet seen and stands in awe of things not yet heard. There is nothing more evident than that which is hidden; there is nothing more manifest that what is minute. Therefore the *chün-tzu* is watchful even when he is alone.②),该章句的核心术语"性"被译为"man's nature","道"用拼音 *Tao* 表达,"君子"用拼音 *chün-tzu* 表述,意译和音译同时被用于翻译核心术语,一方面反映了《中庸》术语含义异常丰富,某些术语难以在目的语中寻找到对应的表达,另一方面显示也可以尝试用音译的方式来处理含义复杂的术语,带读者接近作者,接触和感受原汁原味的源语文化。例如中国文化中的"礼"的意义就十分复杂。在远古时代,"礼"指"仪式准则"(a

① 朱熹. 四书集注[M]. 长沙:岳麓书社,2004:21.

② Ch'u Chai & Winberg Chai. *The Sacred Books of Confucius and Other Confucian Classics*[M]. New York: Bantam Books, Inc., 1965: 306.

code of ritual)，后经儒家发展又指“社会行为规范”(the norm of social conduct)、伦理制度、社会秩序、社会习俗及传统等，“礼”本质上还有宗教意义，如用“politeness”“rule of etiquette”等英译“礼”，则意义太过肤浅，即使译为“a code of ritual”“social order, social institutions and conventions”，仍然远未能传递其含义，因此，采用音译 *li* 加上适当的解释表达“礼”是最佳选择。

二、陈荣捷(Wing-Tsit Chan)的《中庸》英译

(一)译者简介

陈荣捷（Wing-Tsit Chan，1901—1994），广东省开平县人。1916 年进入岭南大学学习。1924 年 7 月，陈荣捷从岭南大学毕业，同年奔赴美国，进修学业。陈荣捷在哈佛大学英语系学习一年后，根据自己的学术兴趣，转入哈佛大学哲学系，主修东方哲学。1929 年 4 月获得哈佛大学博士学位。1929 年秋，陈荣捷接受岭南大学邀请，回到母校出任教务长，对岭南大学进行大力改革，从学科建制、师资培训、文化交流方面，为岭南大学的发展作出了重要的贡献。1936 年，陈荣捷前往美国夏威夷大学讲学，并从此定居美国。陈荣捷著作和译著丰富，其中《中国哲学文献选编》(*A Source Book in Chinese Philosophy*)、《朱学论集》(*Chu Hsi: Life and Thought*)、《现代中国的宗教趋势》(*Religious Trends in Modern China*)等在西方学术界产生了重要影响。①

(二)译本介绍

陈荣捷的《中庸》英译本刊载于《中国哲学文献选编》(*A Source Book in Chinese Philosophy*，也译作《中国哲学诸源》《中国哲学资料书》)一书

① 该部分内容参考自：江晓梅.《中庸》英译研究——基于理雅各、辜鸿铭、休中诚、陈荣捷、安乐哲和郝大维译本的分析[M]. 武汉：武汉大学出版社，2016：65.

中，该书于1969年由美国普林斯顿大学出版社出版。《中国哲学文献选编》包括《大学》《中庸》《老子》，以及荀子、老子、庄子、法家的著作等，《中庸》为第 5 章"精神的向度：《中庸》"，《中庸》书名译为 *The Doctrine of the Mean*。陈荣捷的《中庸》译本以朱熹的《四书集注·中庸章句》为原文，共有 33 个章节。译本基本信息如下表所示：

版本	单行本或收录入	书名	序言	中国朝代时间表	中国著名哲学家生卒年表	中英文文本对照	注释	单词及术语表中英文对照	原文出处	附录	出版商
1969 年第一版	收录入 *A Source Book in Chinese Philosophy*	*The Doctrine of the Mean*	作者所著	有	有	无	以脚注为主	有	朱熹《四书集注·中庸章句》	附录 1	Princeton University Press

陈荣捷的《中庸》译本包括序言、注释、附录等，但无中英文文本对照。陈荣捷《中庸》译本主题划分如下表所示：

陈译本主题划分	对应章节	陈译本主题划分	对应章节	陈译本主题划分	对应章节
天与人	13,20,22	中与和	1-4,6-11,20,27	诚	16,20-26,32
人际关系	13,17,19,20	道德价值	13,17,19,20,25	天下	22,23,26,30
知识与行为	14,20,27	自然与宿命	1,14,21,22,25,27	道与教	1,5,12,13,20,21,23

陈荣捷认为《中庸》是"四书"中最具神秘意义、形而上的著作，它主题明确、逻辑严密，不是松散关联的文本，其主题涉及"天与人""人际关系""知识与行为""中与和""道德价值""自然与宿命""诚""天下""道与教"九个重要的问题。

（三）译本前言与注释

陈荣捷的《中庸》译本为《中国哲学文献选编》中的第五部分“精神的维度：中庸”。由于译者在该著作的第一部分“人文主义的发展”中已对儒家思想的起源、发展和核心思想做了细致的介绍和分析，因此在专为《中庸》译本所作的前言中，陈荣捷重点对《中庸》的核心思想和核心术语进行了解释和说明。陈荣捷认为《中庸》是一部十分重要的儒学著作，是新儒学的重要思想依据之一，它既关注心理学和形而上的内容，关注人的本性，也关注现实，是最具宗教意义和神秘意义的一部儒家著作。《中庸》蕴涵的哲学思想连接了佛学与道家思想，开启了新儒学运动。《中庸》蕴涵的两个重要主题尤为道家和佛家重视，即人性（human nature）和天道（the Way of Heaven）。人性为天赋，通过中与和得到体现，天道超越时间、空间、物质和运动，永不停息，永恒并且可察可见，人性和天道的融合充分体现了天人合一，“天地位焉，万物育焉”的至高境界。陈荣捷还在前言中对“中庸”“诚”等核心术语含义进行了解释，[①] 例如“中庸”的“中”指中心，也指人性，“庸”指普遍与和谐，也指人性与世界（宇宙）的关系，“中庸”即指人性中有“和”，“和”作为道德人的基础，贯穿宇宙，人和自然共同构成一个和谐整体。又如，“诚”是儒家思想中的一个极为重要的术语，“诚”包含“真诚，真”（sincerity，truth）等多重含义，它不仅仅指一种心灵状态，还代表一种能改变事物、成人成己的主动力量。陈荣捷充分利用前言对文本进行深入解读，一方面表达译者对《中庸》文本的认识，另一方面帮助读者更好地理解《中庸》的思想意义。陈荣捷译本的注释主要为脚注，以介绍原文中涉及的术语和人物为主，也有少部分对原文的核心思想的阐述，总体上较为简洁。

---

① Wing-Tsit Chan. *A Source Book in Chinese Philosophy*[M]. Princeton: Princeton University Press, 1969: 95-97.

(四)核心术语处理

陈荣捷十分重视《中庸》核心术语翻译，并在《中国哲学文献选编》中专辟一章阐述其关于核心术语英译的认识，尤其对术语起源、含义等进行了深入解析。陈荣捷《中庸》译本核心术语英译如下表所示：

《中庸》术语	陈荣捷译本术语英译	《中庸》术语	陈荣捷译本术语英译
中庸	Doctrine of the Mean	诚	sincerity
中	equilibrium, centrality, mean	仁	humanity
和	harmony	君子	the superior man
天	Heaven, Nature	性	human nature
道	the Way	德	the virtue
教	education	礼	the ceremonies of social order

陈荣捷认为《中庸》术语含义丰富，一个字常蕴涵多重意义，用一个词难以准确传递其原意。以“仁”的英译为例，“仁”在其他译本中通常被译作“benevolence”“perfect”“virtue”“goodness”“human-heartedness”“love”“altruism”等，陈荣捷认为这些表达都不准确。“仁”指一种特殊的美德、仁爱，也可指所有美德和所有善的根本。孟子用“仁”指“人的心灵”，儒家用“仁”指“爱”或“人们生活在一起”，韩愈用“仁”指普遍的爱，在新儒学思想里，“仁”指“公正”“自觉意识”“促进事物发展的种子”“爱的特征”“心灵的准则”等，在现代社会，“仁”又指社会中的人。因此用“goodness”"human-heartedness""love”“benevolent love”等词都难以准确表达“仁”具有的认识论意义上的含义。陈荣捷认为《中庸》的“仁”指人、人与人善意相待的意义，英语单词“humanity”“co-humanity”“true manhood”相对而言与“仁”的含义更为贴近。① 在其《中

① Wing-Tsit Chan. *A Source Book in Chinese Philosophy*[M]. Princeton: Princeton University Press, 1969: 788-789.

庸》译本中，“仁”被译为“humanity”，因为“humanity”包含“仁爱”、人与人的关爱之意，还蕴涵不断生长的意义，这些是“仁”具有的基本含义。可见术语英译不仅仅是从目的语中寻找对等表达，还需要译者依据对文本的理解，梳理术语的相关表述，深究其蕴涵的意义，探讨最适合、最准确的表达。

三、莫兰(Patrick Edwin Moran)的《中庸》英译

(一)译者简介

帕特里克·埃德温·莫兰(Patrick Edwin Moran)于1940年出生于美国内布纳斯加州。在斯坦福大学攻读物理学，后来转修哲学。期间选修了中国哲学，尤其对老子和庄子思想感兴趣，因此决定进一步学习汉语以了解中国哲学。莫兰认为老子的思想特别有益于解答他在家乡遇见的社会问题。1962年，莫兰毕业后前往台湾斯坦福汉语学习中心学习，之后决定留在台湾，继续求学于台湾大学，并以“庄子内篇思想”(“Thought of the Inner Chapters of the Zhuang Zi”)一文获得哲学硕士学位。后回到美国继续攻读哲学博士学位，先后获得斯坦福大学亚洲研究硕士学位、宾夕法利亚大学哲学博士学位。莫兰曾在台湾大学从事教学，与儒学大师钱穆、唐君毅等学者进行了深入交流，对新儒家思想有比较深刻的认识。莫兰曾在科罗拉多大学(University of Colorado)、亚利桑那大学(University of Arizona)欧柏林学院(Oberlin College)等高校任教，后在维克森林大学(Wake Forest University)任教，直至退休。莫兰先后翻译并出版了《三本智慧小书：〈道德经〉〈大学〉〈中庸〉》(*Three Smaller Wisdom Books*：*Lao Zi's Dao De Jing*, *The Great Learning*(*Da Xue*), *and The Doctrine of the Mean*(*Zhong Yong*))、《孙子兵法》(*Master Sun's Art of War*)等译著及著作。①

① 译者简介主要参考https：//www. goodreads. com/author/show/276225. Patrick_Edwin_Moran.

（二）译本介绍

莫兰的《中庸》译本收录入其译作《三本智慧小书：〈道德经〉〈大学〉〈中庸〉》（*Three Smaller Wisdom Books: Lao Zi's Dao De Jing, The Great Learning (Da Xue), and the Doctrine of the Mean (Zhong Yong)*），于 1993 年由美国大学出版社（University Press of America, Inc.）出版。该译著包括老子简介、《老子》译本、《大学》和《中庸》简介、《大学》译本、《中庸》译本、附录六部分。莫兰的《中庸》英译本依据朱熹《四书集注·中庸章句》翻译而成，译者同时在译本中用阿拉伯数字标示《礼记·中庸》里的小节序号，以方便读者对照《礼记·中庸》原文阅读。译本为中英文对照本，个别章节后附有译者注评，配有术语汇总。莫兰《中庸》译本语言流畅，表述较为通俗易懂，适合普通读者阅读。译本基本信息如下表所示：

版本	单行本/收录入	书名	序言	中英文文本对照	注释	单词及术语表	原文出处	附录	出版商
1993 年第一版	收录入 *Three Smaller Wisdom Books: Lao Zi's Dao De Jing, The Great Learning (Da Xue), and the Doctrine of the Mean (Zhong Yong)*	*The Doctrine of the Mean*	作者所著	有	文内隐注	有	朱熹《四书集注·中庸章句》	附录 1，2	University Press of America, Inc.

（三）译本的前言与注释

莫兰充分利用前言的副文本功能，对儒家的起源与发展、《中庸》的成书背景、作者身份、主题思想、核心术语及其对现代社会的影响作了细致的介绍与分析，同时也将其关于《中庸》思想的理解与认识做了清晰的表述，借译本表达其对于中国文明的赞赏和对现代西方社会过分崇尚个人自由的批判。莫兰认为中国文明历经几千年而不倒有其深刻的思想文化基础，其中儒家思想的影响尤为重要。① 儒家思想强调集体利益高于个人利益，个人服务于集体，社会稳定、社会福利是国家至上的利益，是社会的道德需要，这种思想培育了中国文化中的集体主义精神，吸引无数信仰这种价值理念的人效忠国家和社会。有人会对此感到疑惑，认为一定是有外在的诱惑在刺激人们，抑或政府给予人们优惠或福利，莫兰对此予以否定。他认为这种坚定的集体主义精神——服务社会、服务国家的真实的理想主义精神正是源于儒家传统文化对于所有社会成员的深刻影响。从周代开始直到孔子、孟子时期，儒家思想的缔造者们没有借助武力威胁百姓服务国家和君王，而是通过讲解道理、四处游说，让人们从心里认识到真正的国家是君王服务人民，人民服务社会。莫兰认为，《中庸》《大学》等典籍向读者揭示了中国传统社会一个最突出的特征——社会是一个有益的机构，为社会做工作有益于个体的发展，这无疑拓展了个体发展的视野。

莫兰《中庸》译本的注释主要由文内隐注和文内注评组成。文内隐注指“插入到译本正文中而没有显性标明的解释，这种解释与原典的正文相融合，读者若未与原典仔细对比就很难区分”②。文内注评指插入正文中的译者评论。这两种注评方式巧妙地将译者对译本的解读融入文本中，构成一体，使得读者的阅读更为流畅。莫兰译本注释包括解释和介绍原文中出现的术语和人物，还有对重要章节核心思想进行的评述。以第21章注释为例(原文：“自诚明，谓之性；自明诚，谓之教。诚则明矣，明则诚矣。”③译文：“The process from integrity (*i. e.* , what is

① Moran, P. E. *Three Smaller Wisdom Books: Lao Zi's Dao De Jing, The Great Learning (Da Xue), and the Doctrine of the Mean (Zhong Yong)* [M]. New York: University Press of America, 1993: 155-174.

② 宋晓春．论典籍翻译中的“深度翻译”倾向——以21世纪初三种《中庸》英译本为例[J]．外语教学与研究(外国语文双月刊)，2014(6)：941.

③ 朱熹．四书集注[M]．长沙：岳麓书社，2004：37.

inherently within a person in perfect form) to clear knowledge is ascribed to *xing* (*human nature*). The process from clear knowledge to integrity is called education. If one has integrity, one will attain clear knowledge; and if one has clear knowledge, one will attain integrity."①)，短短20个字的内容，莫兰为此写就多达18行注评，详细解释"诚"在《中庸》里的含义：

"这一章是朱熹道德思想的一个重要源泉——人之初，一切始于无知与困惑。但是人们逐渐开始从看似杂乱无序的世界中找到一些门道。猛然之间，似乎明白了些什么。…… 当人开始整体认识自己的那部分世界的时候，也就是说，当人的头脑组织了一个信息系统以勾勒那部分世界的完美组织图的时候，他就能够从那张组织图中提取信息，能够找到还没有被探索的知识和信息。而在我们出生之时，我们就已经具备了那张完美的组织图中的最重要的部分，那就是我们的道德天性，我们的性。在此基础之上，我们常常能够根据道德的重要性作出决策。"②

莫兰从西方读者更善于接受和理解的角度解析"诚"，认为"诚"与人的道德观紧密相连，既是先天形成，也可以后天养成，在人脑生而具有的组织结构中可以找寻到"诚"，也可以在此基础上进一步发展"诚"，"诚"更多地需要从道德的层面理解。可见序言和注释作为重要的副文本受到译者极大的关注，充分发挥其填补功能，既可为读者提供相关背景知识，也可成为译者张扬个人见解与思想的平台。

(四)核心术语处理

与其他《中庸》典籍英译者一样，莫兰也十分重视核心术语翻译，

① Moran, P. E. *Three Smaller Wisdom Books: Lao Zi's Dao De Jing, The Great Learning (Da Xue), and the Doctrine of the Mean (Zhong Yong)* [M]. New York: University Press of America, 1993: 228.

② Moran, P. E. *Three Smaller Wisdom Books: Lao Zi's Dao De Jing, The Great Learning (Da Xue), and the Doctrine of the Mean (Zhong Yong)* [M]. New York: University Press of America, 1993: 228-229.

意译和音译为其运用的主要翻译方法，如下表所示：

《中庸》术语	莫兰译本术语	《中庸》术语	莫兰译本术语
中庸	Doctrine of the Mean	诚	integrity
中	balance, equilibrium, *zhong*	仁	benevolence, humanity, *ren*
和	harmony, *he*	君子	the morally noble man
天	Heaven	性	human nature, *xing*
道	dao, way, course, process	德	the virtue
教	the process of education	礼	ceremony

莫兰在翻译含义异常丰富而英文又实在难以觅得与之对应的术语时，灵活运用音译和意译的方法解决问题。例如，英译“中”“和”“性”“仁”时，译者采用“意译+拼音”的方式分别将其译作“balance, equilibrium, *zhong*”“harmony, *he*”“human nature, *xing*”“benevolence, humanity, *ren*”，既将“中”“和”“性”“仁”基本意义传达，又提供了这些术语在汉语中的声音形象，直观地帮助读者认识到一个简单的汉字实则包含多重复杂意义。再如关于“诚”的英译，莫兰认为“诚”强调人的品格，培养人的道德品性，而英文单词“sincerity”侧重表达普通情感，并不能完整传达“诚”所蕴涵的意义。因此他将“诚”译作“integrity”，认为“诚”强调一种全面的道德品性，突出人对待事物的综合的判断与思考能力，例如“一个人可以对几种不同的观点甚至是相互冲突的观点保持‘诚’(sincere)，但是此处(《中庸》)的‘诚’应该是对所有不同的观点进行了反复思考，达到了一种综合思维的结果。……这种对不同观点进行融合的过程应该是《中庸》拟传达的思想，因此用‘integrity’来翻译‘诚’是合适的”①。“中”在莫兰的译本中被译为“balance, equilibrium,

① Moran, P. E. *Three Smaller Wisdom Books: Lao Zi's Dao De Jing, The Great Learning (Da Xue), and the Doctrine of the Mean (Zhong Yong)* [M]. New York: University Press of America, 1993: 166.

zhong”，莫兰始终认为《中庸》强调平衡，强调社会成员对国家、对社会、对同类应该不走极端，持中，才能达到和谐，“中”是儒家的最高价值水平，很少有人能企及。

四、安乐哲(Roger T. Ames)与郝大维(David L. Hall)的《中庸》英译

(一)译者简介

安乐哲(Roger T. Ames，1947—)出生于加拿大多伦多，获英属哥伦比亚大学(University of British Columbia)荣誉双学士(哲学和中文)、哲学硕士学位、伦敦大学亚非学院(School of Oriental and African Studies University of London)博士学位，曾先后在香港中文大学、台湾大学、东京大学等大学学习，通晓汉语(古汉语和现代汉语)、日语和法语。曾任夏威夷大学哲学系教授、夏威夷大学和美国东西方中心亚洲发展项目主任。安乐哲先后出版大量中西哲学思想研究著作、译著和论文，例如《通过孔子而思》(*Thinking Through Confucius*)、《汉哲学思维的文化探源》(*Thinking from the Han: Self, Truth, and Transcendence in Chinese and Western Culture*)、《道德经》(*A Philosophical Translation of the Daodejing: Making This Life Significant*)、《切中伦常：〈中庸〉翻译与哲学诠释》(*Focusing the Familiar: A Translation and Philosophical Interpretation of the Zhongyong*)等，在西方学术界产生了重要的影响。

郝大维(David L. Hall，1937—2001)毕业于耶鲁大学(Yale University)，获得耶鲁大学哲学博士学位，曾是美国得克萨斯大学(University of Texas)哲学教授。郝大维重点研究西方哲学文化，致力于拓展西方传统哲学的审美范围，即从过度关注伦理、形而上和认识论的模式中走出来，融合更多的文化模式。郝大维著有《经验的文明：怀特海的文化理论》(*The Civilization of Experience: A Whiteheadean Theory of Culture*)、《通过孔子而思》(*Thinking Through Confucius*)、《汉哲学思维

的文化探源》(*Thinking from the Han*: *Self*, *Truth*, *and Transcendence in Chinese and Western Culture*)、《切中伦常:〈中庸〉翻译与哲学诠释》(*Focusing the Familiar*: *A Translation and Philosophical Interpretation of the Zhongyong*)等，他与安乐哲的学术合作推动了中国哲学在西方学术界的传播与研究。①

(二)译本介绍

安乐哲与郝大维的《中庸》译本出自他们合作的专著 *Focusing the Familiar*: *A Translation and Philosophical Interpretation of the Zhongyong*，于2001年由夏威夷大学出版社(University of Hawai'i Press)出版，《中庸》书名译为 *Focusing the Familiar*。该专著的中译本由中国社会科学出版社出版，由彭国翔翻译，书名译为《切中伦常:〈中庸〉的新诠与新译》。安乐哲与郝大维的《中庸》译本基本信息如下表所示:

版本	单行本/收录入	书名	引言	中英文文本对照	注释	核心术语解释	原文出处	附录	出版商
2001年第一版	单行本	*Focusing the Familiar*: *A Translation and Philosophical Interpretation of the Zhongyong*	译者所著	有	尾注	有	朱熹《四书集注·中庸章句》	附录1,2,3	University of Hawai'i Press

安乐哲与郝大维的《中庸》译本由四部分组成，即引言、核心术语

① 译者简介主要参考：江晓梅.《中庸》英译研究——基于理雅各、辜鸿铭、休中诚、陈荣捷、安乐哲和郝大维译本的分析[M].武汉：武汉大学出版社，2016：66-68.

汇总、《中庸》译文、附录。在引言部分，译者对《中庸》在儒家思想中的重要性、英译《中庸》的困难、《中庸》的诠释语境、《中庸》的中心议题等进行了深入的探讨，提出了从过程哲学理解和英译《中庸》的新思路。在第二部分中，译者归类了《中庸》的核心术语，并对每一个重要术语进行详尽解释，从过程哲学角度探究其新意，并提出新的英译方法。第三部分为《中庸》译文，以朱熹《四书集注·中庸章句》为蓝本，译本分为33个章节；最后部分为附录。

(三)译本的引言、注释与附录

在引言中，安乐哲与郝大维对当前西方学术界对《中庸》的诠释与英译提出了质疑。他们认为目前的《中庸》英译本或其他汉语典籍的英译本存在用西方哲学话语过度解读中国哲学思想的倾向，使得《中庸》英译面临原文意义损失的困境。① 早期基督教传教士的汉语典籍英译就使得基督教神学话语进入汉语典籍的英译文中，特别是哲学术语的英译传达了更多的基督教神学含义，呈现基督教神学话语特征，例如“天”被译为“Heaven”，“义”被译为“righteousness”，“礼”被译为“rites”，“德”被译为“virtue”等，而且这些译本直到今天还继续为西方读者所阅读。安乐哲与郝大维认为，《中庸》作为中国哲学的一部重要著作历经两千多年，一直被儒学思想家解读，特别是近些年出土的考古文献，不断有新的《中庸》原文被发掘，可以发现，关于《中庸》的解读和诠释呈现的是一种动态的流变过程，如果用一成不变、僵硬静止的方式解读《中庸》，必将会导致教条的诠释与翻译。安乐哲与郝大维认为运用“焦点与场域”的语言来解读《中庸》有可能打开新的思路，解决目前《中庸》英译存在的问题。安乐哲与郝大维指出，西方哲学语言属于“实体倾向(substance-oriented)语言”，描述事物的语言一般呈现“非连续性”

① Ames, R. T & Hall, D. L. *Focusing the Familiar: A Translation and Philosophical Interpretation of the Zhongyong*[M]. Honolulu: University of Hawai'i Press, 2001: 5-19.

(discreteness)、"客观性"(objectivity)和"恒久不变性"(permanence)①,而用这种性质的语言去描述汉语这种具有连续性(continuity)、过程性(process)和生成性(becoming)特点的汉语文本是先天不足的。"焦点与场域"语言认为我们的世界"由各种过程和事件彼此相互作用的场域所构成""在那样的场域中,并存在一个最终的因素,只有在现象场域之中不断变化的焦点,并且每一个焦点都从各自有限的角度出发来聚焦整个场域"②。安乐哲与郝大维认为用过程语言英译《中庸》有助于展现《中庸》的动态性。

如果说安乐哲与郝大维的译本引言注重宣扬译者的哲学主张,那么注释则是对于文本中的具体术语、句子含义的更为细致的解释。安乐哲与郝大维的译本注释表现为尾注,共有101条注释,主要对《中庸》术语的出处、不同英语表达以及与其他术语的关系等进行解释和注评。例如,在注释1中,安乐哲与郝大维解释《中庸》为何被译为 *Focusing the Familiar*:

"《中庸》曾被译为 *The Doctrine of the Mean*(理雅各),*The Mean-in-Action*(休中诚),*The Central Harmony*(林语堂),*The Unwobbling Pivot*(庞德),*Centrality and Commonality*(杜维明)。汉代郑玄定义'庸'为'用'(practice),即'对于中心的具体运用'。朱熹认为'庸'指'普通,日常'。我们取郑玄、朱熹和杜维明关于'中庸'的认识,我们将'庸'译为'切中'(focusing)即出自郑玄之义,'切中'的内容则取自朱熹认为'普通,日常',或'日常生活之事'。"③

安乐哲与郝大维认为之前的《中庸》书名英译体现了西方哲学话语

① 安乐哲,郝大维.切中伦常:《中庸》的新诠与新译[M].彭国翔,译.北京:中国社会科学出版社,2011:26.

② 安乐哲,郝大维.切中伦常:《中庸》的新诠与新译[M].彭国翔,译.北京:中国社会科学出版社,2011:27.

③ Ames, R.T & Hall, D.L. *Focusing the Familiar: A Translation and Philosophical Interpretation of the Zhongyong*[M]. Honolulu: University of Hawai'i Press, 2001: 115-116.

中实体语言的运用，传达的是一种静止的意义，而用动名词“focusing”这种过程语言则准确地传递了“中庸”的动态含义。除了对术语的文本意义进行细致的解释外，安乐哲与郝大维还对术语、句子的起源、意义的发展等提供了丰富的文外知识，既有《孟子》《论语》等典籍的引证，又有平行译本的翻译，也有其他译者关于某个术语的英译等，以充分展示该术语或语句的丰富含义。例如，在辨析“天命之谓性，率性之谓道，修道之谓教”中“天”的含义时，译者引证多位学者关于“天”的认识，试图说明“天”不是简单地指“上帝”或“天帝”，其含义十分丰富，难以用一个字或词表述，例如，庞朴认为“天”指影响社会发展的社会力量，因为它不受人类的控制，杜维明认为该句的“天”指古代中国人信仰的有目的、悲天悯人的、能主宰人类事物的至高力量，杰夫·力格尔(Jeff Riegel)也认为“天”是至高无上的一种存在①，因此，仅仅用“上帝”“上天”等词汇英译此处的“天”远不能准确表达其所蕴涵的意义。译者充分运用注释的副文本功能，对文中蕴涵复杂含义的术语、句子、段落进行深入细致的解析，为读者提供了全面的阅读帮助。

(四)核心术语的处理

安乐哲与郝大维十分重视《中庸》核心术语英译，不仅在引言中专门写作一节剖析部分《中庸》核心术语的意义及其英译，还另写作一章“核心术语汇总篇”，涵盖几乎所有《中庸》核心术语诸如“中庸”“道”“和”“天”“教”“诚”“礼”“性”“仁”“德”“情”“君子”等，并对其进行细致深入的分析。安乐哲与郝大维《中庸》译本核心术语翻译如下表所示：

① Ames, R.T & Hall, D.L. *Focusing the Familiar: A Translation and Philosophical Interpretation of the Zhongyong*[M]. Honolulu: University of Hawai'i Press, 2001: 116.

《中庸》术语	安乐哲与郝大维译本术语英译	《中庸》术语	安乐哲与郝大维译本术语英译
中庸	Focusing the Familiar	诚	creativity (*cheng*, 诚)
中	a nascent equilibrium (*zhong*, 中)	仁	authoritative (*ren*, 仁)
和	harmony(*he*, 和)	君子	exemplary persons (*junzi*, 君子)
天	*tian*, 天	性	natural tendencies (*xing*, 性)
道	the proper way (*dao*, 道)	德	excellence(*dexing*, 德性)
教	education(*jiao*, 教)	礼	ritual properties (*li*, 礼), ritual observances(*li*), *rites and ceremonies* (*li*, 礼)

安乐哲与郝大维译本在处理核心术语英译时，主要采用“英文+汉语拼音+汉字”的方式完成，例如“道”用“the proper way (*dao*, 道)”，“德”用“excellence (*dexing*, 德性)”，“性”用“natural tendencies (*xing*, 性)”，“君子”用“exemplary persons(*junzi*, 君子)”等表示。他们认为现有的汉语典籍术语英译呈现西方化倾向，在一定程度上违背了原有术语的意义。他们反对完全用西方的哲学术语翻译极具中国哲学特色的术语，建议英译《中庸》核心术语时，应突出原文的词性和意义，再辅以英文解释，以突出核心术语的含义为重点，尽可能准确地传达原文意义。

安乐哲与郝大维在翻译实践中践行了自己的主张，他们结合“焦点与场域”理论解析《中庸》核心术语，对过去的术语英译提出了质疑与挑战。例如，在以往的《中庸》英译本中，“诚”通常被译作“sincere/sincerity”或“integrity”，强调内心的“真诚”和“诚实”，而安乐哲与郝大维则将“诚”译作“creativity”，突出“诚”的创新性与创造性。他们认为《中庸》的突出特点之一即“将人类提升至共同创造性地位”①，这一点在“诚”(创造性，creativity)概念的运用中得到了体现，“诚”(创造性)说明人类的实现活动是能动的、不断创新的，并充分体现在“自我表达和世界表达的活动中”②。他们继续指出之所以将“诚”译为“creativity”，是因为汉语世界更多地是以过程性理解而非实体性概念为其特征，在该世界中，“物”通常被理解为过程和事件。英文的“sincerity”强调真诚，注重情感，“integrity”强调诚实，注重品格，两个词是典型的实体性概念，难以准确传达《中庸》中的“诚”所蕴涵的“成为一个个体”(becoming one)或“成为一个整全”(becoming whole)的动态意义，而这是一个创造性的过程，用“creativity”能够准确地将这种动态的创造性概念传达出来。③ 安乐哲与郝大维还对其他核心术语的翻译，例如“道”“命”“礼”“性”“君子”“教”等作了细致的解释。例如，在他们的译本中“君子”被译为“exemplary person”，而非“superior man”“gentleman”等，因为“superior man”过度强调了身份地位的高低，“gentleman”则过于突出了普通性。他们认为“君子”与“仁”(authoritative person)一样，是儒家思想中一个重要的概念。④《中庸》里的“君子”关注日常，通晓礼乐，处理公共事务时，不仅以善为原则，同时展示了优雅、尊严与美。“君子”的所有行为都是浑然天成、自发自然的，是普

① Ames，R. T. & Hall，D. L. *Focusing the Familiar*：*A Translation and Philosophical Interpretation of the Zhongyong*[M]. Honolulu：University of Hawai'i Press，2001：30.

② 安乐哲，郝大维．切中伦常：《中庸》的新诠与新译[M]. 彭国翔，译. 北京：中国社会科学出版社，2011：54.

③ Ames，R. T. & Hall，D. L. *Focusing the Familiar*：*A Translation and Philosophical Interpretation of the Zhongyong*[M]. Honolulu：University of Hawai'i Press，2001：32.

④ Ames，R. T. & Hall，D. L. *Focusing the Familiar*：*A Translation and Philosophical Interpretation of the Zhongyong*[M]. Honolulu：University of Hawai'i Press，2001：67-68.

通人的榜样。安乐哲与郝大维《中庸》译本术语的英译充分体现了译者的哲学观，为读者理解《中庸》提供了重要的帮助。

五、浦安迪(Andrew Henry Plaks)的《中庸》英译

(一)译者简介

浦安迪(Andrew Henry Plaks)，美国汉学家，1945年出生于美国纽约，1967年本科毕业于普林斯顿大学东方学系，而后继续在普林斯顿大学攻读东亚研究。1973年获普林斯顿大学博士学位。1973—2007年在普林斯顿大学东亚系和比较文学系任教。2007年退休，后任以色列希伯来大学东亚系教授。蒲安迪通晓多种语言，对汉语、日语、俄语、法语、希伯来语最为精通。研究领域广泛，对中国古典文学，特别是明清时期通俗小说、叙事学、先秦思想文化、中西文化文学比较等有着深厚的研究基础与成果。蒲安迪著作丰富，代表作为 *Four Masterworks of the Ming Novel*（《明朝小说四大奇书》），该书获得1987年 Joseph Levenson 图书奖。他还完成了 *Archetype and Allegory in the Dream of the Red Chamber*(《〈红楼梦〉中原型和寓意》，*Chinese Narrative*: *Critical and Theoretical Essays*(《中国叙事学：批评与理论文汇》)等著作，还出版了 *Ta Hsueh and Chung Yung* (*The Highest Order of Cultivation and On the Practice of the Mean*，《大学》《中庸》)等译著。

(二)译本介绍

浦安迪的《中庸》英译本与《大学》英译本合集出版，书名译为 *Ta Hsueh and Chung Yung* (*The Highest Order of Cultivation and On the Practice of the Mean*)，《中庸》书名译为 *On the Practice of the Mean*。该书由企鹅图书公司(Penguin Books)于2003年首次印刷。基本情况如下表所示：

版本	单行本/合集本	书名	序言	前言	中国历史时间表	中英文文本对照	注释	单词及术语表中英文对照	原文出处	附录	出版商
2003 年第一版	*Ta Hsueh and Chung Yung*(*The Highest Order of Cultivation and On the Practice of the Mean*)	*On the Practice of the Mean*	姚心中著	作者著	有	无	尾注	无	朱熹《四书集注·中庸章句》	附录 I,II,III	Penguin Books

该译作包括序言、前言、《大学》《中庸》、注释、附录(I，II，III)等，译本序言为威尔士大学姚心中(Yao Xinzhong)教授所作。① 译本注释主要包括《大学》《中庸》结构分析、中心辩题解析、读者注释等。附录部分主要包含三个主题，一是对《大学》《中庸》基本观念的深入探讨，二是对《大学》和《中庸》文本史的梳理，三是对《大学》《中庸》校审材料进行了说明。

(三)译本序言、前言、注释与附录

蒲安迪充分运用序言和前言补充相应的背景知识，同时阐述自己关于《中庸》思想的认识。浦安迪赞同姚心中在译本序言中阐述的关于《中庸》思想的认识与分析。他们认为《中庸》思想包含三个相互关联的意义：② 一是道德层面意义，《中庸》强调美德对于人的具体行为的指导作用，使人在具体环境中表现得体，或作出正确的决策，不走极端。二是政治层面意义，《中庸》强调圣人——君王的统治，即个人美德对于治

① 姚心中，音译，威尔士大学教授，生平不详。

② Plaks，A. *Ta Hsüeh and Chung Yung* (*The Highest Order of Cultivation and On the Practice of the Mean*)[M]. London：Penguin Books，2003：x-xvi.

国理政具有十分重要的意义。三是形而上层面意义，《中庸》之道是理想世界、终极现实和万物遵循的基本原则，唯有通过体验心理的和形而上的路径才能实现人自身和宇宙的统一与和谐，从而使德(inner moral force，内在道德力量)渗透入个体与宇宙。浦安迪在前言中指出，《中庸》关注道德培养及其对人、对社会、对宇宙秩序的影响，具有高尚品格的人不仅仅要长期坚持仁慈、孝顺、礼仪得体等美德，还需要有内在修养的养成、人际和谐关系的实现以及个体必须具备的道德能力和人文修养。浦安迪认为《中庸》作为儒家的一部重要著作正是体现在其从哲学的角度深入探究自我养成(cultivation)和世界秩序之间的深厚关系。

浦安迪的《中庸》译本注释为尾注，主要包括结构分析、中心辩题解析、读者注释三部分。就《中庸》中心辩题(核心思想)而言，浦安迪在注释中对《中庸》的每一个章节主题做了进一步的解释和说明，对其中的一些核心概念做了深入解析。例如他分析《中庸》开篇第1章的主题为道德教育，其中谈及的“和”“平衡”“中”不是终极目标，只是手段，是使人获得“道”，即完善自我的途径。《中庸》强调“诚”“孝”“礼”“忠”“仁”，重视个体修养，认为自我与他我都完善才能实现真正的道德完善。① 浦安迪认为儒家注重个体道德修养、修身治国的思想在《中庸》里得到了充分的诠释。在读者注释中，浦安迪还从词义、词源、语法等方面对每一章节的核心术语、句子、段落进行十分详尽的解释，分析语法意义，解析词汇含义，探究隐含意义等，以帮助读者充分领会文本思想。以第1章第1句为例(原文：“天命之谓性，率性之谓道，修道之谓教。”②蒲安迪译文：“By the term ‘nature’ we speak of that which is imparted by the ordinance of Heaven; by ‘the Way’ we mean that path which is in conformance with the intrinsic nature of man and things; and by ‘moral instruction’ we refer to the process of cultivating man’s proper way in

---

① Plaks, A. *Ta Hsüeh and Chung Yung* (*The Highest Order of Cultivation and On the Practice of the Mean*)[M]. London: Penguin Books, 2003: 73-79.

② 朱熹. 四书集注[M]. 长沙：岳麓书社，2004：21.

the world."①)，浦安迪将"天命之谓性"译为"By the term 'nature' we speak of that which is imparted by the ordinance of Heaven"，他认为汉语传统句式结构"……之谓……"可以用英文表述为"that which we speak of as *x* is *y*... 第一行中的命(发出命令)将'发命令'(天命)与'赋予命名'两个意义相连接"②，用介词短语"by the term 'nature'"引导的一个复杂句式，既突出了"性"的信息结构特征，又将"性"的含义清晰地展示和解释出来。这个例子形象地展示了蒲安迪作为文学教授具有的对句子的敏感认知与诗学的诠释，这也是对经典的一种诗学重构。

浦安迪的《中庸》译本配有三个附录，分别为核心概念讨论、《大学》《中庸》文本史梳理、校对文本的运用三个部分。在附录中，浦安迪对《中庸》核心概念诸如"性""天""诚""仁"等进行了细致的解释和分析。以"仁"的含义解释为例，③浦安迪认为"仁"应被译为"human kindness"而非传统的译文"benevolence""humanity"或其他的类似译文。他认为汉字"仁"从词源上看的确有"man"和"human"的含义，因此不少汉学家常将"仁"译为"humanity""humaneness"(人性，人道)，但是这却使得该字在某些特殊句法中的位置变得十分尴尬。"仁"其实是两字表达(two-word expression)，第一个意义表达"人"的意义，第二个意义表达"仁慈、善心"(kindness)的意义，"kindness"从英语词源上而言，可以归指人类所有的善行，因此将"仁"译为"human kindness"是比较准确的。另外，对"慎独"一词的解释，浦安迪也提出了新的看法。他认为将"慎独"仅理解为"独处时也要时刻约束自己，监督自己的言行"并不能充分表达"慎独"在《中庸》里的含义。"慎独"中的"独"还有个体独

① Plaks, A. *Ta Hsüeh and Chung Yung* (*The Highest Order of Cultivation and On the Practice of the Mean*) [M]. London: Penguin Books, 2003: 25.

② Plaks, A. *Ta Hsüeh and Chung Yung* (*The Highest Order of Cultivation and On the Practice of the Mean*) [M]. London: Penguin Books, 2003: 79.

③ Plaks, A. *Ta Hsüeh and Chung Yung* (*The Highest Order of Cultivation and On the Practice of the Mean*) [M]. London: Penguin Books, 2003: 110.

一性(singularity)、个体自我与众不同之处(uniqueness of one's individual self)的含义，浦安迪认为"慎独"应该译为"to pay great heed to the core of one's own individuality"①才能更准确地传达原文意义。

(四)核心术语的处理

与其他译者一样，浦安迪也十分重视《中庸》核心术语翻译，每一个核心术语的英译都渗透了译者关于《中庸》核心思想的认识，如下表所示：

《中庸》术语	浦安迪译本	《中庸》术语	浦安迪译本
中庸	On the Practice of the Mean	诚	integral wholeness
中	the mean	仁	human kindness
和	harmony	君子	the man of noble character
天	Heaven	性	nature
道	the Way	德	the inner moral force
教	moral instruction	礼	the ceremonial rites

浦安迪对于其译本中的核心术语英译都辅以详尽的解释，常通过多种译文的对比说明其选择的缘由以及合理性。以浦安迪译本中"德"的英译为例，浦安迪将"德"译为"the inner moral force"而不是通常的表述"virtue"，这是因为他认为从道德哲学的角度看，"德"的确有美德行为表现("virtue")的意义，但在儒家思想中，"德"的意义得到不断深化和拓展，更多地指那种具有摧枯拉朽之势的强大的道德影响力，用"inner moral force"英译"德"突出了人应该具有的内在的道德力量，而"virtue"

① Plaks, A. *Ta Hsüeh and Chung Yung* (*The Highest Order of Cultivation and On the Practice of the Mean*) [M]. London: Penguin Books, 2003: 112.

的含义就没有“inner moral force”准确。① 再以“诚”的英译为例，浦安迪将“诚”译为“integral wholeness”，而非“sincerity”或“truthfulness”等。他认为“诚”在《中庸》中以及物动词的语法形式出现，如果将其译为名词的“sincerity”“truthfulness”，则有失偏颇。《中庸》的“诚”更多地强调对内在自我的诚实(integrity of the inner self)，而不是对他人的真和诚。此外，“诚”还有完成(completion)的含义。浦安迪认为将“诚”译为“integral wholeness”就与“inner core of selfhood”(自我的内在核心)的意义相一致了。浦安迪还对其《中庸》书名的英译做了细致分析，解释为何将《中庸》书名译为 *On the Practice of the Mean* 而非传统译文 *The Doctrine of the Mean* 等。浦安迪认为将《中庸》书名译作 *Doctrine of the Mean* 忽略了“庸”的含义。不少西方译者误读了“中”与“庸”的关系，要么把二者视作并列关系，要么把“庸”视作修饰“中”的成分。浦安迪认为这些翻译都忽略了《中庸》的两个基本事实：一是《中庸》文本其实从1/4 处开始就没有重点讨论“中”(mean)了。二是《中庸》其实更为深入地关切将难以实现的完美的平衡转移至人类存在的实践中的哲学意义，从最卑微的人到至高无上的君王的行为模式。② 因此，浦安迪认为将《中庸》书名译为 *On the Practice of the Mean* 最忠实于《中庸》的文本思想。可见，任何一个术语的英译都不是译者想当然的一蹴而就，而是沉淀了译者的哲学思考的产物。

本阶段还有两个译本，分别为李鎏、刘正浩、邱燮友、谢冰莹编译的《新译四书读本》③和迦达纳(Daniel K. Gardner)的译著《四书：后儒学

---

① Plaks, A. *Ta Hsüeh and Chung Yung (The Highest Order of Cultivation and On the Practice of the Mean)* [M]. London: Penguin Books, 2003: 112-113.

② Plaks, A. *Ta Hsüeh and Chung Yung (The Highest Order of Cultivation and On the Practice of the Mean)* [M]. London: Penguin Books, 2003: 23-24.

③ 李鎏，刘正浩，邱燮友，谢冰莹．新译四书读本[M]. 台北：三民书局，1964.

传统的基本教义》①。由于种种原因，笔者未能获得这两本译著，只能借关于迦达纳译本的相关书评对其译本作简单介绍。迦达纳的《中庸》译本书名译作 *Maintaining Perfect Balance*，为其译著《四书：后儒学传统的基本教义》(*The Four Books: The Basic Confucian Tradition*)中的一部，于2007年由Hackett出版公司出版。迦达纳的《中庸》译本配有丰富的引言、夹注、脚注、双行小注，译者在引言中十分详尽地介绍"四书"如何在中国古代经过各种因素的博弈，最终得到权威认可和推广，获到广泛的接受成为经典。迦达纳在引言中特别注重梳理"四书"在中国经典化的过程、原因和影响，还在译本注释中复制了汉语典籍特有的"双行小注注疏体"，② 详尽解释核心术语、中心思想等，尝试进行史学经典重构。还有学者③认为迦达纳的"四书"译本非常有特色，不仅配有十分丰富的注释，包括朱熹的权威注释和他本人的注释，而且其译本阅读性极强，对原文非常忠实，有助于读者以及学习儒学的学生理解儒学为何在东亚地区如此重要。作者也指出该译著的一些小瑕疵，建议前言应不仅包含对朱熹的介绍，还应将译者关于"四书"的哲学思考一并放入，这样更有利于读者理解译著。

1960—2010年，翟楚与翟文伯、陈荣捷、莫兰、浦安迪、安乐哲与郝大维等学者作为《中庸》对英语世界传播的主体，从各自学术立场和哲学视域出发，对《中庸》进行全新解读，并结合考古新出土的《中庸》竹简本，从多角度解构和诠释已有的意义，为《中庸》在英语世界的传播作出了引人瞩目的贡献。

---

① Gardner, D. K. *The Four Books: The Basic Teachings of the Later Confucian Tradition*[M]. Indianapolis: Hackett Publishing Company, 2007.

② 宋晓春. 论典籍翻译中的"深度翻译"倾向——以21世纪初三种《中庸》英译本为例[J]. 外语教学与研究(外国语文双月刊), 2014(6): 946.

③ Norden, B. W. V., Daniel K., trans. Book Review on *The Four Books: The Basic Teachings of Later Confucian Tradition* [J]. *Dao* (c2008) 7: 103-106.

第二节　1960 年至 2010 年期间《中庸》在英语世界的传播与接受特点

1960 年至 2010 年期间《中庸》在英语世界的传播主体为哲学家和学者，他们当中既有华裔西方学者，也有英语世界本土学者，他们长期在西方高校从事中西哲学教学和研究，形成了十分严谨的哲学思维素养，他们倾向于从多角度解读《中庸》文本，发掘儒家思想与西方哲学思想的异同，深度解析《中庸》思想与现代社会生活的关系，推动了《中庸》在英语世界的传播。这一阶段《中庸》的传播与接受特点主要表现在如下几个方面：

一、以华裔美籍学者为传播主体的《中庸》英译

以翟楚与翟文伯、陈荣捷、杜维明①等华裔美籍学者为传播主体的《中庸》英译，注重对文本思想意义的解读，以重振新儒家思想为己任，从更深层次分析、传播《中庸》儒学思想。与前一阶段译者强烈的济世救人、服务现实的功用目的不同，本阶段译者多以重振新儒学为己任，深度解析《中庸》蕴涵的思想意义，从学术上和思想上促进儒家思想在西方世界的传播。翟楚与翟文伯、陈荣捷、杜维明等早期都曾在中国大陆接受中国传统思想文化教育，青年时期奔赴美国求学，接受了西方系统的哲学思维训练。他们特殊的学术经历，与西方学术界的零距离接触和思想的碰撞，使得他们对中国儒学和儒家经典有一种与众不同的“视角、论域、体认和洞见”②，他们的哲学思想浸染了中国儒家哲学与西方哲学的交融，既怀有儒家思想倡导的“修身齐家治国平天下”的儒学思想情怀，更有从西方哲学角度理性分析儒家思想的西方哲学学术素

---

① 杜维明虽然没有参与《中庸》全文英译，但对《中庸》个别术语进行了重译，在传播《中庸》方面发挥了重要的作用。

② 杜维明.《中庸》洞见[M]. 段德智，译. 北京：人民出版社，2008：242.

养。陈荣捷在《中国哲学文献选编》前言中明确指出，过去的中国哲学文献英文选文存在一定的问题，不仅未能全面地选取中国哲学经典文献，还存在误读中国经典的现象。查尔斯·莫尔(Charles Moore)在《中国哲学文献选编》中专门写作一篇前言，[①] 指出西方学术界由于无知形成了对中国哲学的一种错误认识，长期存在对中国思想经典著作断章取义、误解和歪曲的现象，忽视了中国哲学家对真理追求进行的长期不懈的努力。陈荣捷指出西方学术界过多地关注孔子儒学，[②] 以为那就是全部儒学思想。其实，这种认识是片面的。中国儒学思想还有一个极为重要的部分，即新儒学思想，它是孔子儒学的重要发展，融合了道教和佛教的思想，具有承上启下的意义。陈荣捷指出重译《中庸》及其他中国哲学经典的意图之一在于重树新儒学的重要地位，帮助西方读者，尤其是学者、大学学生和其他欲真正了解中国的严肃的读者理解和认识新儒学重要的价值和意义，完整传播中国儒家思想。

杜维明虽然没有直接参与《中庸》英译，但是著有多部关于《中庸》思想的著作，例如《〈中庸〉洞见》《论儒学的宗教性：对〈中庸〉的现代诠释》等，对《中庸》在英语世界的传播产生了很大的影响。杜维明对《中庸》进行了系统和整体的分析，反驳了那些认为《中庸》文本结构松散、内容缺乏逻辑关联的观点，认为《中庸》文本不是儒家圣人"道德格言的松散汇编"，而是逻辑关联紧密的一个连贯整体，是一部蕴涵了"儒学人文主义宗教向度"的著作，"为人的意义提供了前后连贯、内容广泛的洞见"。[③] 杜维明在《〈中庸〉洞见》一书中从诠释学角度对《中庸》进行深入分析，指出《中庸》构建了三个重要的概念，即君子、信赖社群和道德形上学。《中庸》里的"君子"并不是一个高高在上，不食人间

① Wing-tsit Chan. *A Source Book in Chinese Philosophy*[M]. Princeton: Princeston University Press, 1969: vii-viii.

② Wing-tsit Chan. *A Source Book in Chinese Philosophy*[M]. Princeton: Princeston University Press, 1969: ix.

③ 杜维明.《中庸》洞见[M]. 段德智，译. 北京：人民出版社，2008：3，5.

烟火的异类，而是一个时时刻刻关注内在修养，完善道德，责己正己，“努力在人的日常存在中体现生命终极意义的人”①。《中庸》还对社会中的人际关系进行了一种完整的构想，指出社会等级关系是社会交往的高度复杂结构的一种发展，生活于其中的每一个普通人都可以作为“信赖社群”中的一员理解其所从属的高级社会组织的“运作方法”，服从国家的需求，完成各自的责任。《中庸》的另一个重要内容是宣扬道德的至高作用。《中庸》从道德层面对人和政治进行了深刻的剖析，体现了儒家思想深刻的伦理宗教的意蕴，指出“道德的终极展现超越了社会伦理进而在天人合一中致其极”②。

二、以西方本土学者为传播主体的《中庸》英译

以莫兰、蒲安迪、安乐哲与郝大维等西方本土学者为译者主体的《中庸》英译，倾向于从各自的学术视域出发，重新解读或解构经典，传递《中庸》新义。本阶段西方本土学者拥有雄厚的西方哲学、文学、史学素养，同时又曾在中国高校或西方高校接受过系统的中国哲学思想文化教育，他们更倾向于从中西哲学、中西文化对比的角度诠释、解读、英译《中庸》，他们的译本渗透了其浓厚的中西哲学文化思考轨迹。他们大力提倡在翻译过程中发挥译者主体性，宣扬运用自己认为最得当的方式英译原文，以“一种富有成果的方式参与”翻译之中，以此“提供一种与众不同的哲学性的诠释”③，从而对原文进行多视角诠释，展现多层次、多角度的解释路径。安乐哲与郝大维认为英语是实体倾向(substance-oriented)语言，词汇体现的是非连续性(discreteness)、客观性和恒久性(permanence)。他们认为汉语则具有过程性(process)、连续

① 杜维明.《中庸》洞见[M]. 段德智，译. 北京：人民出版社，2008：43.

② 杜维明.《中庸》洞见[M]. 段德智，译. 北京：人民出版社，2008：81，85.

③ 安乐哲，郝大维. 切中伦常：《中庸》的新诠与新译[M]. 彭国翔，译. 北京：中国社会科学出版社，2011：4.

性(continuity)和生成性(becoming)的特点。安乐哲认为如果用西方的实体语言来翻译中国的这种过程性、连续性语言是存在问题的。此外，西方古代传统有一个永恒实体，凌驾于连续性和过程性之上。而中国人的世界是关于连续性，生成和瞬息变化的世界。[①] 他们认为应该用过程性语言(process language)翻译《中庸》，才能更清晰地梳理《中庸》的思想脉络，这种语言就是"焦点与场域"语言(the language of focus and field)。安乐哲与郝大维的《中庸》译本就渗透了他们关于中国哲学过程性的认识。例如，将"诚"译为"creativity"，"中庸"译为"Focusing the Familiar"等就体现了一种过程性。

浦安迪认为《中庸》关注道德培养及其对人、对社会、对宇宙秩序的影响，具有高尚品格的人不仅仅长期坚持仁慈、孝顺、礼仪得体等，还需要有内在修养的养成、人际和谐关系的实现以及个体必须具备的道德能力和人文素养。浦安迪认为《中庸》作为儒家的一部重要著作，正是体现在其从哲学的角度深入探究自我养成(cultivation)和世界秩序之间的深厚关系。浦安迪作为比较文学教授还从文学视域理解和分析《中庸》，试图在英译《中庸》的过程中进行经典诗学重构。浦安迪认为《中庸》是"四书"中极具儒家思想特色的著作，语言十分简练，含义十分丰富，翻译《中庸》首先要深入挖掘其隐含的丰富的儒家思想文化含义，因此浦安迪的译本包含大量的文内隐注，表达了译者对译本的深度阐释。此外，浦安迪还十分注重凸显原文中隐含的逻辑关系。他认为古汉语语言极度简洁，[②] 概念之间的逻辑关联表达往往呈隐形状态，翻译《中庸》时，要充分利用英语重逻辑、重叙事主语的特点，用清晰的逻辑关联词突出隐含的逻辑关系，将原文主题明晰化。浦安迪还十分重视古汉语文体风格的对应，尽可能在目的语文本中营造一种伪古英语式的

---

① 安乐哲，郝大维著．切中伦常：《中庸》的新诠与新译[M]．彭国翔，译．北京：中国社会科学出版社，2011：30-31.

② Plaks, A. *Ta Hsüeh and Chung Yung* (*The Highest Order of Cultivation and On the Practice of the Mean*[M]. London: Penguin Books, 2003: xxxvi.

文体风格，以使得译本从风格上与《中庸》的古汉语风格接近。

三、传播形式多样化

进入 21 世纪后，《中庸》传播途径呈现多元化倾向，出现了绘画本、电子媒介读物等形式，充分体现了信息时代媒体互动性、快捷性、多元性和大众性的特点。《中庸》绘画本展现了图像化的传播特点，突出了《中庸》传播的普及意义，简化了《中庸》深奥抽象的思想意义，体现出寓教于乐的特点，有利于初接触中国文化的读者群体的阅读和理解。蔡志忠的绘画本《中庸》就是其中一个典型的例子。蔡志忠①绘画本的英文翻译由布莱尔·布鲁雅(Brian Bruya)②完成，绘画本《大学·中庸》的英文书名为 *Great Learning · The Middle Path — The Pinnacle of Virtue · Living a Life of Harmony*。该书 2006 年由现代出版社出版。原文依据朱熹《四书集注·中庸章句》，共 33 个章节。译者依据每一章节的主题思想为每一章节冠以英文标题，如下表所示：

章节	章节题目	章节	章节题目
第 1 章	Moderation and Harmony	第 9 章	Impossible
第 2 章	The Gentleman and the Lesser Man	第 10 章	True Strenght
第 3 章	Long Absent	第 11 章	Confucius Wouldn't Do That
第 4 章	Following the Way	第 12 章	Simple-Minded Couple
第 5 章	Failure of the World	第 13 章	The Axe Handle
第 6 章	Shun	第 14 章	Acting the Part
第 7 章	Wise People Practice What They Know	第 15 章	The Family
第 8 章	Yan Hui Chooses the Middle Path	第 16 章	Gods and Spirtis

① 蔡志忠，1948—，台湾著名漫画家。

② 布莱尔·布鲁雅(Brian Bruya)，美国翻译家，获得夏威夷大学比较哲学博士学位，主要研究兴趣为中国早期哲学及其英译。

续表

章节	章节题目	章节	章节题目
第17章	Greatest Filial Virtue	第26章	Expansive Sincerity
第18章	King Wu	第27章	Intelligent Silence
第19章	Perfect Filial Virtue	第28章	The Wrong Way
第20章	Good Government	第29章	The Way of the Gentleman
第21章	Sincerity and Understanding	第30章	Confucius' Role-Models
第22章	Acting from Self-Nature	第31章	The Perfect Sage
第23章	Sincerity and Transformation	第32章	Perfect Sincerity
第24章	Predicting Future	第33章	Covering Brocade
第25章	Sincerity and Completion		

译本为中英文对照，无注释和点评。由于是绘画本，文中图画占据主要位置，文字在每一帧画页中占据约三分之一的空间。译本语言十分流畅，用词简洁通俗，语言风格十分活泼，与生动的图画相配合，相得益彰，起到了寓教于乐的作用，特别适用于初接触中国文化的阅读群体。以第2章和第3章为例：

在该章绘本中，画面人物以素描形式呈现，形象生动，译本语言活泼简洁，这种图文并茂的译本具有极佳的普及推广效果。

此外，还有一种译本由编著者和译者共同完成，编著者将《中庸》古文版译为现代汉语版并做适当注评，译者再将该《中庸》现代汉语版译为英文。例如傅云龙、蔡希勤编注，何祚康英译的《中庸精华版》就是一个典型的例子。该书的英文书名为 *A Selected Collection of the Doctrine of the Mean*，于 2006 年由华语教学出版社出版。编著者将朱熹《四书集注·中庸章句》译为现代汉语文本，共 33 章，并为每一章节冠以不同的篇章名，如下表所示：

章节	章节题目	
1	天命章	Human Nature
2	时中章	Adhere to the Mean
3	鲜能章	Seldom Understand
4	行明章	Understand and Practice
5	不行章	Never Be Practiced
6	大智章	Great Wisdom
7	予知章	Clever
8	服膺章	Keep in Mind
9	可均章	Rule the State Well
10	问强章	On Strong Will
11	素隐章	Behave Treacherously
12	费隐章	Practical and Concrete
13	不远章	Not Beyond the Reach
14	素位章	Satisfied with One's Position
15	行远章	Walking a Long Distance
16	鬼神章	On the Spirit
17	大孝章	The Most Filial

续表

章节	章节题目	
18	无忧章	Never Anxious
19	达孝章	Filiality
20	问政章	Administer the State
21	诚明章	Sincerity
22	尽性章	Realize One's Nature
23	致曲章	Strive to be Sincere
24	前知章	Foretell the Future
25	自成章	True Nature
26	无息章	No End to Being Sincere
27	大哉章	Great
28	自用章	Foolish Man
29	三重章	Three Things
30	祖述章	Eulogizing Emperors
31	至圣章	The Greatest Sage
32	经纶章	Nine Principles
33	尚絅章	Wearing Cotton Overalls

列表显示编著者提炼了《中庸》各章节的主题思想，使其一目了然，有利于读者理解《中庸》思想。该译本与以往译本的不同之处还表现为译者在整个译本中的角色定位问题，译者只是传递编著者声音的传声筒，译本中译者没有任何机会发出自己的声音，译本传递的是编著者对原文意义的理解。表面上看该译本是由熟谙《中庸》原文的编著者和通晓英文的译者通力合作的成果，但是当原文经过他人理解转述给译者的时候，是否在一定程度上丢失了原文的意义，译本是否准确传递了《中庸》原文思想却值得商榷。但是该译本配有原文、译文、现代汉语文本、插图，有助于古汉语入门级别的读者更好地理解原文，对于传播和推广《中庸》具有积极的意义。

四、发挥译者主体性的翻译活动

该阶段的译者多为大学哲学教授和学者，他们十分注重对原文文本的理解，更倾向于主动参与进与《中庸》文本的对话中，注重对原文思想多角度、多层次的诠释，他们的《中庸》英译独具特色，主要表现在以下几个方面：

1. 注重运用最新研究成果解读《中庸》，坚持译者对原文的理解，强调对经典的多元诠释，不提倡译本的唯一标准。该阶段的译者与之前译者的一个不同之处表现在他们十分注重对最新相关研究成果的运用，认为对《中庸》的解读应充分运用已有和最新的研究成果，既不为已有的权威注释所束缚，也不应忽略最新的研究发现，应全方位深入发掘其蕴涵的丰富的哲学思想意义。陈荣捷认为现有的很多经典译本并未认真运用最新的相关研究和评论成果，而这些研究成果对深入探究《中庸》及其他经典著作具有重要的启发意义。他提倡在翻译中国哲学经典过程中，要做好充分的译前准备工作，熟悉和掌握相关知识，深入阅读和研究最新研究成果，并将其对这些研究成果的理解融入翻译中，进行全新翻译，发掘过去译本忽视的内容，凸显《中庸》新译的价值与意义。安乐哲与郝大维不为旧有译本所束缚，从中西哲学的汇通处着手，结合过程哲学的观点，对《中庸》进行全新解读，指出“焦点与场域”语言适用于分析《中庸》文本里表达的自发的、交互的关系，对于诠释《中庸》文本中极具神秘意味、富有诗意的寓意具有十分重要的作用。莫兰在对已有《中庸》译本进行悉心研究的基础上，发现每部译本在很大程度上都体现了译者关于《中庸》思想的认识，都在一定程度上渗透了译者的哲学观。他认为正因为存在不同的认识和理解，才会有不同的诠释路径，导致多种译本的存在，这是一种正常的现象，是一种健康的英译之路，《中庸》英译本不可能只有一个唯一权威或准确的译本。杜维明更是旗帜鲜明地指出运用诠释学路径对《中庸》进行细致深入的哲学解读有助于获得更深入的“洞见”，注释性质的解读只能提供对于语词、句子、段落或章节的注解与说明，但却难以阐明《中庸》文本的内在逻辑，唯有从“注释进展到诠释”①，对原文进行细致考察才能使《中庸》的解读获得新的生命与意义。由此可见，该阶段的译者和学者十分注重发挥译者主体性，强调对原文文本做细致深入的解读，不再将文本视作没有生命的物体，而是视作充满生命力的有机体，并积极参与其中，发掘新的意义和思想。

2. 注重术语翻译。本阶段译者认为汉语典籍中的术语承载了极为丰富和重要的哲学思想，术语英译具有十分重要的意义。然而他们认为现有的《中庸》及其他儒学著作术语翻译存在不少问题。最突出的问题表现在偏重于从中国文学和百科知识的字典中寻找对应词语，采用流行的意义来翻译中国哲学术语，在翻译新儒学的术语时，问题尤为突出②，导致对中国哲学术语存在大量曲解。中国哲学术语历经千年，不同朝代、不同时代以及不同的哲学家赋予同一个词以不同的含义，实难在目的语中找寻到对等意义的词语，唯有尽可能准确理解其在原文中的具体意义，才能得到比较精准的表达。而关于精准地表达核心术语的问题，译者们认为教条机械地翻译典籍术语只能扼杀原文的意义，唯有发挥译者主体性，用诠释的路径理解、分析、翻译术语，才有可能使文本焕发新的生命。杜维明在重译《中庸》某些核心术语时，用诠释的路径对核心术语进行深入全新的解读，对现有的术语译文提出挑战。例如将“君子”译为“the profound person”，而非传统译文“superior man, gentleman”，他认为《中庸》的“君子”蕴涵了一种“理想人格”③，具有丰富的政治、社会、道德和宗教层面上的意义，“君子”是中道的体现者和践行者，也是人道的实行者，是少数具有强大内在力量，能充分展现其固有的人性的个体，君子还具有极强的自我认同感，能不断调整自己

① 杜维明.《中庸》洞见[M]. 段德智，译. 北京：人民出版社，2008：15.

② Wing-tsit Chan. *A Source Book in Chinese Philosophy* [M]. Princeton: Princeton University Press, 1969: x- xi.

③ 杜维明.《中庸》洞见[M]. 段德智，译. 北京：人民出版社，2008：17.

在变化的人际关系中与他人、与所处环境和谐相处。① "superior man, noble man, gentleman"或者过于强调君子的社会地位，或者侧重于普通情感意义的君子，难以传递《中庸》"君子"蕴涵的丰富的意义，用"profound man"才有可能传达"君子"更广泛的隐含意义。安乐哲与郝大维尤为注重对《中庸》术语的翻译，以致专门写作一章"核心术语汇总"(Glossary of Key Terms)用以解释和分析《中庸》核心术语英译问题。他们对"诚、道、德、和、教、君子、礼、命、气、情、仁、善、圣、圣人、天、物、孝心、性、义、智、中、中庸"等进行了深入细致的解读，提出了他们关于这些术语的哲学认识，并提出了解决问题的方法。

3. 哲学术语的音译与意译之争。关于如何英译汉语典籍核心术语出现了多种不同的声音，其中采用英译方法还是意译方法成为争论焦点。以目的语读者为导向的译者认为，② 应尽可能采用意译方法翻译术语，即使译文本身可能不完美，因为用目的语表达术语终归比用拼音表达术语更得当，有利于帮助目的语读者理解原文的基本意义。他们指出英汉两种语言属于不同语系，存在巨大差异，译者应该承认和接受这种差异，不应过于追求精准的目的语术语匹配，而应该在仔细研读术语含义的基础上，尽可能寻找相对应的目的语表达。例如，陈荣捷就将"中""中庸""诚""性""天""仁""礼"等术语译为"centrality, mean, equilibrium""doctrine of the mean""sincerity""human nature""Heaven, Nature""humanity""the ceremonies of social order"等，这些简洁顺畅的表述至少可以向目的语读者传达原文最基本的含义。此外，译者还在附录中对这些术语提供了详尽的解释，以进一步帮助目的语读者理解术语的隐含意义。

以源语文化为导向的译者则认为采用音译的方法翻译汉语典籍核心

① 杜维明.《中庸》洞见[M]. 段德智，译. 北京：人民出版社，2008：27-33.

② Wing-tsit Chan. *A Source Book in Chinese Philosophy*[M]. Princeton: Princeston University Press, 1969: 783-791.

术语是比较合理的解决方法。他们认为在目的语中很难获得与汉语典籍哲学术语相对应的表达，而采用音译加上适当的解释或注释不失为一种合理的方法。杜维明认为译者只要尽可能使译本语境贴近原著，就可以采用音译的方法翻译核心术语。例如，杜维明认为已有的《中庸》书名英译诸如 *The Doctrine of the Mean*（理雅各　译）、*The Mean-in-Action*（休中诚　译）、*The Central Harmony*（林语堂　译）、*The Unwobbling Pivot*（庞德　译）或 *Centrality and Commonality*（杜维明　译）都未能将“庸”含有的“实用性”和“不可改变性”的意义传达，① 故将《中庸》书名音译作 *Chung-yung* 不失为一种合理的选择。又如“诚”的英译。他指出“诚”具有多重含义，例如在“顺乎亲有道，反诸身不诚，不顺乎亲矣；诚身有道，不明乎善，不诚乎身矣”②（《中庸》第 20 章）中，“诚”包含个人品格，有真诚、善的含义，可以用“sincerity”传达。但是“诚”在“诚者，天之道也；诚之者，人之道也”（《中庸》第 20 章）中，则不包含个人品格的“诚”，而指“天道之实然与人道之应然”③，足见“诚”的含义十分丰富，无论是“sincerity”“true”还是“truth”等都难以全面传递其所蕴涵的意义，所以杜维明用汉语拼音 *cheng* 来英译“诚”。同样，对于“礼”的英译也存在相应的问题。杜维明认为将“礼”译作“ceremony”（典礼）、“ritual”（仪式）、“rites”（礼节）、“propriety”（礼仪）、“rules of propriety”（礼仪规则）、“good custom”（健全的习俗）、“decorum”（礼貌）、“good form”（礼貌的举动）、“natural law”（自然法）等都存在问题，因为儒家的“礼”其实是一种仁和义在人际关系中的实现，礼不是一种静态的形式，而是一种动态的过程。④“礼”蕴涵如此丰富的含义，几乎不可能在目的语中获得对应表述，唯有用汉语拼音 *li* 来表示。翟楚与翟文伯、安乐哲与郝大维也都认为音译典籍核心术语是一个合理的

① 杜维明.《中庸》洞见[M]. 段德智，译. 北京：人民出版社，2008：17.
② 朱熹. 四书集注[M]. 长沙：岳麓书社，2004：35.
③ 杜维明.《中庸》洞见[M]. 段德智，译. 北京：人民出版社，2008：91.
④ 杜维明.《中庸》洞见[M]. 段德智，译. 北京：人民出版社，2008：63.

选择，可以避免造成更多误读。安乐哲与郝大维就提倡采用“英文+汉语拼音+汉字”的方式英译核心术语，例如“道”用“the proper way（*dao*，道）”，“德”用“excellence（*dexing*，德性）”，“性”用“natural tendencies（*xing*，性）”等表示，既可以帮助读者了解术语的基本含义，又为读者提供了原文文字的声音形象和文字形象，实现了感性认识和理性认识的完美结合。

其实远在唐朝时期，玄奘在翻译佛经时，就提出“五种不翻”的原则，即由于“秘密故；含多义故；此无故；顺古故；生善故”五种情况，① 可以采用不翻的翻译方法，也就是用音译来处理术语的翻译。音译典籍核心术语其实既是异化翻译的表现，又是彰显译者主体性的另一种体现。在中国哲学著作被引介至西方世界的历史进程中，中国声音被西化的现象长期存在，用西方的哲学诠释中国哲学，用西方的哲学术语翻译中国哲学术语，造成中国哲学话语在西方学术界的缺失，制约了汉语典籍英译的发展，采用音译的方法翻译汉语典籍核心术语有助于原汁原味展现中国哲学思想，增强中国哲学对话西方哲学的意识，促进中西文化交流。

4. 重视再现原文文体风格的努力。尽管本阶段译者倡导译者主体意识为主导的翻译思想和原则，注重对原文思想意义的诠释与解读，但同时也十分重视再现原文文体风格，努力实现内容与形式的对应。莫兰认为语言形式对于传达原文意义具有重要的作用。② 尽管英语与汉语是两种完全不同的语言，但是在翻译过程中，目的语文本应尽可能在句子层面上保持一致，因为句子结构的一致可以在很多程度上使目的语文本与源语文本在形式上和内容上忠实于源语文本。浦安迪也认为遵从语义和句式的对等或近似，并不是主张字面意义的对等，而是在忠实于原文

---

① 罗新璋．翻译论集［M］．上海：商务印书馆，1984：3.

② Moran，P. E. *Three Smaller Wisdom Books*：*Lao Zi's Dao De Jing*，*The Great Learning*（*Da Xue*），*and the Doctrine of the Mean*（*Zhong Yong*）［M］. New York：University Press of America，1993：v.

意义的基础上，更准确地传达原文意义。① 浦安迪认为《中庸》原文文体风格典雅而富于诗意，译者在翻译过程中，应注重语言形式和风格的统一，尽可能再现原文的诗意风格。为此，他故意营造了一种老式的伪古式英语的风格来传译《中庸》，以使译文语言风格尽可能与原文保持一致，不至于太偏颇，帮助英语读者从语言形式上直观感受写于几千年前的典籍文本的风格。蒲安迪在实践中践行了再现原文文体风格的努力，他的译本语言流畅，概念表述十分清晰，译本语言有种韵律美，无艰涩拗口的表述，可读性很强。

五、多元化、多角度研究分析《中庸》思想

英语世界总体上对《中庸》的研究颇为冷清，研究成果甚少，本阶段亦不例外。从为数不多的研究成果中可以发现本阶段《中庸》研究视角较为多样化，主要表现在如下几个方面：

1. 从中西哲学对比分析的角度，探究《中庸》思想与西方经典哲学思想的相关与差异。梅·西姆(May Sim)认为亚里士多德的“中”和《中庸》的“中”具有比较性和互补性，即两个“中”既相互不同，又相互补充。②《中庸》的“中”指不过不及，处于适中，强调不走极端，它是万事万物的准则，“中”居于万物之首，不仅调节人的情感，还调节天下所有事物，独立于任何情感的影响。而亚里士多德的“中”则与人类情感相关，指情感状态不走极端，处置得当，它与人类行为相关。亚里士多德的“中”不具备调节万物的作用，只限于处理人的极端情感，亚里士多德的“中”的含义不及《中庸》的“中”的含义丰富和广泛。但是二者也有相同之处，即都强调家庭教育或教养，重视家长在孩童成长和教育中的重要性，儒家倡导的“修身齐家治国平天下”就清楚地昭示家在一

① Plaks, A. *Ta Hsüeh and Chung Yung*(*The Highest Order of Cultivation and On the Practice of the Mean*)[M]. London: Penguin Books, 2003: xxxvi-xxxvii.

② Sim, M. Harmony and the Mean in the *Nichomachean Ethics* and the *Chung Yung*[J]. *Dao: A Journal of Compartive Philosophy*, 2004(2): 253-280.

个人成长过程中占据极为重要的位置。史迪奇勒(Stichler)①通过对安乐哲与郝大维《中庸》译本进行细致分析，指出《中庸》其实充满了亚里士多德的物质世界观，可以用实体语言来表达《中庸》的意义与意图，并非只能用过程语言来解析《中庸》，《中庸》的世界更像亚里斯多德世界中的自我完善而非普罗泰戈拉世界中的未完善的过程和事件。湍·努尹(Tuan Nuyen)对比分析了《中庸》和希腊哲学关于"义"(Justice)的认识,② 认为儒家伦理与希腊伦理之间存在共同的形而上基础(metaphysical basis)，二者都以世界秩序和谐为基础。古希腊的伦理观根源于"dikê"（正义，justice)，儒家的核心伦理观是"中庸"(doctrine of the mean)。"中庸"和"dikê"都基于相同的关于世界及宇宙的形而上的观点，都注重协调各类力量，维持世界秩序与和谐。儒家的伦理与亚里士多德关于美德的特性，即人不走极端，处于"中"有相似之处。但是二者也存在一定的差别，例如儒家伦理并未区别自然与人类道德(morality)的差异，而只强调人与宇宙的和谐。

2. 对比分析《中庸》对于中西文人、学者的思想影响。王松林(音译，Wang Songlin)通过回顾和考察理查兹和吴宓在清华大学的学术生活，发现两位学术大师虽然在某些思想观念上不尽相同，但是他们的理想主义精神和人文主义精神却深受《中庸》思想影响。③ 理查兹受到《中庸》"中"与"和"(equilibirum and harmony)的启发，在《美学基础》中提出了"共生美学"概念，即美的产生需要保持中和的心态，使得各种对立的情绪和谐共生。在《文学批评原理》中，理查兹再次运用《中庸》的观点提出了"和谐冲动"(harmonised impulse)的美学概念，指出文学作

---

① Stichler, R. N. Interpreting the *Zhongyong*: Was Confucius a Sophist or Aritotelian? [J]. *Dao: A Journal of Compartive Philosophy*, 2004(2): 235-251.

② Nuyen, Tuan. *Chungyung* and the Greek Conception of Justice[J]. *Journal of Chinese Philosophy*, 1999(2): 187-202.

③ Wang Songlin. I. R. Richards and Wu Mi: Basic English, Vernacular Chinese, and *Chung Yung*[M]. *Cambridge Quarterly*, 2012(1): 66-81.

品的真正价值在于协调作品中各种不同元素的冲突，协调冲突程度的高低决定作品质量的好坏。理查兹还用“诚”定义诗歌的本质，指出“诚”是诗歌中最重要的品质，“诚”就是去行动、去感受、去思考如何与个体真实的本性一致，如何把外在与内在情感连接，自我完善，足见《中庸》对理查兹美学思想的影响。吴宓认为《中庸》道出了人生原则和道德行为原则。理查兹和吴宓作为道德理想主义者和精神浪漫主义者对儒家的人文主义有着共同的兴趣，都认为《中庸》及儒学思想是拯救现代社会的良方。

3. 从精神分析角度探究《中庸》思想与精神病治疗的关系。有学者没有从纯技术的角度分析精神病例，而是从中国哲学汲取理论源泉，剖析强迫症和恐惧症患者病源，探究治疗方法。萨巴·鲁斯特吉（Sabar Rustomjee）对《中庸》的核心思想——“中”与“和”进行了分析，指出二者表达了平静与和谐。①“平静”（equilibrium）表达内心宁静，“和”（harmony）强调个体与外在环境和谐共处，要获得这种宁静与和谐需要通过“空”（emptiness）来实现，即达到一种忘我的心灵状态。作者在进行小组诊疗（group analysis）的过程中，发现《中庸》的“中”“和”与小组诊疗工作原理一致，“中”可以理解为“与真实自我和谐共存”，“和”可以理解为个体的社会属性，二者相互依赖、和谐共存，从而使每一个个体认识到自我实现很大程度上需要通过依赖他人的自我实现而完成。作者认为“中”与“和”的这种精神特质对于治疗精神病人的疾病具有积极的作用，有助于成员之间学会公平相处，提高自我修养，加强向内的修炼，提升内在力量。

4. 从物理哲学角度探讨《中庸》思想。容尼·利特约翰（Ronnie

---

① Rustomjee, S. Traversing the Psychoanalytic Pathway: From Phobias to *Chung Yung* — The Confucian Golden Mean[J]. *Group Analysis*, 1997, Vol. 30: 395-407.

LittleJohn)①运用中国哲学的五行物理说，探讨《中庸》蕴涵的五行物理学意义，指出在五行物理学中，焦点的形式得到改变，所有的物体都变换为其他的形式，未必非要运用过程哲学语言来理解和认识《中庸》之类的中国哲学典籍，还是应该遵循中国模式，不用刻意分类，应让文本自己发言。

5. 从社会学视角分析《中庸》的理性意义与现代性的关系。钟太兴(音译，Tak-sing Cheung)等②运用韦伯和哈贝马斯社会学理论分析《中庸》的理性意义，指出《中庸》的理性含义很难归属于西方理性——工具理性、交往理性和价值理性中的任何一个类别。工具理性强调不惜一切手段，实现自己的目标，而《中庸》的理性代表一种含蓄的模式，不仅要最大化个人目标，还要考虑其他人的目标。至于交往理性(交际理性)，《中庸》的交际理性更注重从整体角度看待人际和社会关系，更强调和谐关系，权衡不同行动可能带来的后果，强调在多方敌对力量中保持一个适度的位置，在社会交往中开启对话模式，以维护交往系统中的社会和谐。中庸的理性模式是最为中和的模式，强调个人的周到细致与社会整体性的融合，它既可以是工具理性，但不是以此为目的，它也可以是价值理性或形式理性模式。

总体而言，该阶段的《中庸》相关研究成果有限，但是研究视角更加多元化，从哲学、社会学、文化学、经济学、物理学等角度研究《中庸》，取得了一定的成效。

---

① LittleJohn, R. The Giant Forge and the Great Ironsmith: Revisiting the Implications of *Wu Xing* 五行 Physics of the *Zhongyong*《中庸》[J]. *Dao: A Journal of Compartive Philosophy*, 2004, 6(2): 205-215.

② Tak-sing Cheung, Hoi-man Chan, Kin-man Chan, Ambrose Yeo-chi King. On *Zhongyong* Rationality: The Confucian *Doctrine of the Mean* as a Missing Link Between Instrumental Rationality and Communicative Rationality [J]. *Asian Journal of Social Science*, 2003: 107-127.

六、译书出版及读者接受

1. 译书出版。第三阶段的《中庸》译本出版主要集中于美国，少部分在中国大陆和台湾出版，如下表所示：

译者	出版社	年代
李鍌，刘正浩，邱燮友，谢冰莹	台北：三民书局	1964
翟楚与翟文伯	New York：Bantam Books，Inc.	1965
陈荣捷	Princeton：Princeton University Press	1969
莫兰	New York：University Press of America，Inc.	1993
安乐哲与郝大维	Honolulu：University of Hawai'i Press	2001
浦安迪	London：Penguin Books	2003
布鲁雅(Brian Bruya)	北京：现代出版社	2006
何祚康	北京：华语教学出版社	2006
迦达纳(Daniel K. Gardner)	Indianapolis：Hackett Publishing Company	2007

相比较第二阶段英国出版公司占据主导位置的情形，本阶段《中庸》英译本出版则主要以美国出版公司为中心，其中，美国大学类出版社占据半壁江山，例如普林斯顿大学出版社、美国大学出版社、夏威夷大学出版社等；另外一部分出版社为英国知名出版社，例如以出版小说、人文社科类图书、畅销书等为主的企鹅出版公司，还有部分中国本土出版社参与出版。从中可以看出本阶段《中庸》出版呈现其独有的特点：一是拓展以出版学术研究成果为导向的出版路径，推动《中庸》在西方学术界的传播。美国大学出版社历来以出版严谨的学术专著为特色，出版《中庸》英译本显示儒学思想在西方学术界开始得到关注，《中庸》英译本既可以为研究中国儒学的学者提供学术参考，还可以为学习中国哲学的学生提供学习帮助，促进《中庸》在西方学术界的传播。二是面向普通读者，推广多层次、多方位的《中庸》出版路径。哈克特出版

公司(Hackett Publishing Company)、班坦图书公司(Bantam Books, Inc.)等均为美国知名出版公司，在推广经典著作、普及人文社科知识方面成绩斐然，出版《中庸》英译本可以使更广泛的读者群体得以接触、了解和认识中国儒学思想，从而促进《中庸》在英语世界的传播。

2. 读者接受。读者接受主要表现在普通读者和专业读者关于《中庸》译本的评论方面，总体上读者评论持积极、客观、辩证的态度。普通读者的反馈大致可以归纳如下：

(1)对译著的文化推广功用表示欣赏和支持。首先，本阶段的《中庸》译本使得不少初步接触中国哲学典籍的读者认识到中国典籍与其他国家的典籍一样，在世界文明中具有同等重要的作用。有读者指出浦安迪的《中庸》译本帮助他认识到《中庸》《大学》与《希伯来箴言》(*Hebrew Book of Proverbs*)、苏美尔的《苏鲁巴克箴言》(the Sumerian *Instructions of Shuruppak*)①以及埃及的《卜塔福德箴言》(the Egyptian *Instruction of Ptahhotep*)②同样重要,③ 在古老的文明中具有精神引领作用，这种从始至终强调自我修养、精神、道德、行为示范的著作，体现了中国文化和中国哲学的特色，为读者打开了认识东方世界的大门。其次，对于那些比较熟悉中国典籍文化的读者而言，本阶段的《中庸》译作令人耳目一新，开启了认识中国哲学的新视角。有读者认为安乐哲与郝大维的《中庸》译本诗意盎然,④ 译本优美的语言使得古老的中国哲学充满了诗意的情绪；译本充分结合中西哲学思想，对复杂的意义、语境的细枝末节、文本的持续性和诗性进行了深入的解读和分析，尤其是术语新诠十

① 《苏鲁巴克箴言》成书时间为公元前3000年左右，是迄今为止最古老的已知文献之一，主要内容涉及大洪水等。

② 《卜塔福德箴言》成书时间有说公元前2400年，也有说是公元前2600年，劝诫人们加强品德修养，反对自私、贪婪等。

③ https://www.amazon.com/Ta-Hsueh-Chung-Yung-Cultivation/product-reviews/0140447849/ref=cm_cr_dp_d_show_all_btm? ie=UTF8&reviewerType=all_reviews.

④ https://www.amazon.com/Focusing-Familiar-Roger-T-Ames/dp/0824824601/ref=sr_1_4? s=books&ie=UTF8&qid=1549412531&sr=1-4&keywords=zhongyong.

分细致、极富启发性，在很大程度上颠覆了以往术语翻译的传统路径，对于重读中国经典具有十分重要的意义。

(2)对译著文体风格、注释等提出积极客观的评价。普通读者十分注重译本的语言表述，对于语言流畅的译本格外亲睐。有读者认为迦达纳的《四书：后儒学传统的基本教义》译著语言十分优美流畅，让高不可攀的中国儒学也能为西方读者阅读和理解。① 还有读者认为浦安迪译本语言非常地道和准确，易于理解和阅读。但是对于译本中的拼音方式，读者呈现不同的态度，一种态度认为用 Wade-Giles 的拼音系统音译《中庸》人名和术语正好给文本增添一种历史代入感，提供了很好的阅读感受；另一种态度则认为应该采用汉语拼音而不是 Wade-Giles 的拼音系统，因为该拼音系统的人名和术语的发音不符合现代中国的普通话语音表达习惯。此外，读者还对译本注释提出了不同的认识。有读者十分欣赏译本配有丰富注释，认为注释为初学者提供了全面细致的背景介绍，有助于初次接触儒学著作的读者理解原著精神。但是也有读者对过于密集的注释提出质疑，认为过于丰富的注释其实传递的是译者的声音，而非原著者的思想，他们希望读到更多的原注评者的注解。还有读者甚至颇为犀利地指出某些译本(例如迦达纳译本)违背了忠实原则，充斥了现代人扭曲的诠释，掩盖了《四书》包含的深厚的关于道德、仁政的意义。②

从以上普通读者反馈可以发现，汉学修养为起步阶段的读者对译本多持包容积极的态度，而有一定汉学修养的读者则对译本有更高要求，对于译文是否忠实于原文，译文的注释是否过多渗透译者的主观认识等

① https://www.amazon.com/Four-Books-Teachings-Confucian-Tradition/dp/0872208265/ref=sr_1_6? s=books&ie=UTF8&qid=1549412848&sr=1-6&keywords=daniel+k++gardner.

② https://www.amazon.com/Four-Books-Teachings-Confucian-Tradition/dp/0872208265/ref=sr_1_6? s=books&ie=UTF8&qid=1549412848&sr=1-6&keywords=daniel+k++gardner.

提出了质疑。总体而言，西方普通读者对于《中庸》及其他汉语典籍的英译持积极肯定的态度，对中国文化持欣赏学习的态度。

本阶段专业读者对于《中庸》译本更多地从学术的角度进行评价，他们对《中庸》译本持有客观辩证的态度，主要表现在如下几个方面：

(1)支持对典籍进行全新解读。专业读者特别欢迎对典籍进行创新性的解构，期待发现新出版的《中庸》译本具有以往译本没有的特质，发掘新的意义。他们认为安乐哲与郝大维的《中庸》译本为近年来《中庸》研究最有意义、最有创造性、最具野心的研究成果，① 译者运用"场和域"的过程哲学模式对《中庸》文本进行解读和翻译，给儒家著作中最富有哲学意义的著作点燃了崭新的诠释之光，正如译者所言：

"我们一直尝试将这本重要的哲学文本呈现给大家，以期助力哲学家的研究。希望我们的努力不仅仅是展现这是一部富有哲学意义的著作，同时还希望给西方哲学家和其他知识分子提供一系列全新的诠释和讨论议题，对大家感兴趣和关心的研究问题提供新的研究视角。" ②

可见，安乐哲与郝大维的《中庸》译本实现了他们的翻译目的，为学术界同行提供了全新的研究视角。有读者认为杜维明对《中庸》也进行了极富想象力的解读，对《中庸》的道德思想进行了创新性的诠释，用"君子""社群""道德"三个概念将《中庸》解构为具有统一连贯思想的生命体，极具启发性。③还有读者认为迦达纳对《中庸》进行了史学经典重构，通过译本告诉读者，新儒学更多地关注人的内在道德思想的构建，因为这是重建社会的基础。这些全新的解读对于重新认识汉语典籍

① Li Chenyang. Zhong Yong as Grand Harmony: An Alternative Reading to Ames & Hall's *Focusing the Familiar*[J]. *Dao: A Journal of Comparative Philosophy*, 2004(2): 173-188.

② Ames, R. T & Hall, D. L. *Focusing the Familiar: A Translation and Philosophical Interpretation of the Zhongyong*[M]. Honolulu: University of Hawai'i Press, 2001: xii.

③ Gardner, D. K. Book Reviews[J]. *Philosophy East and West*, 1978(2): 227-229.

具有积极的意义。

(2)注重译本语言表述，关注译本注释。专业读者同样重视译著的语言表述，认为语言形式对于传达原文意义具有十分重要的作用。他们对于译本的句子处理、文字运用、核心术语英译等尤为关注。有学者认为陈荣捷的《中庸》译本文字极为流畅干净，句子结构处理十分地道，对核心术语的翻译也十分准确到位，对其翻译风格尤为推崇，认为陈荣捷的汉语典籍英译本是迄今为止最好的译本。① 还有学者认为迦达纳所著《中庸》译本在忠实于原文的基础上，用优美的语言和灵活的句子结构传达了《中庸》隐含神秘的思想意义，具有极强的可读性。② 专业读者对于译本注释十分赞赏，认为丰富的注释有助于读者理解原文，那些深入全面介绍新儒学形而上的思想以及这些思想如何影响他们对经典的诠释的注释尤其得到专业读者的大力支持和推荐。

专业读者并非对译文一味推崇，也对译本存在的不足提出了建议。李晨阳认为《中庸》的主题是“宇宙万物的大和理想”(ideal of grand harmony in the cosmos)以及人类如何致力于实现这种理想，而安乐哲与郝大维的《中庸》译本则忽略了对“大和”的重视，而这是儒家思想的核心。③ 还有读者认为杜维明《〈中庸〉洞见》中的某些概念英译比较含混，例如用“Centrality, Commonality”翻译“中庸”未能将中庸的准确含义传达。总体而言，专业读者更倾向于《中庸》译本具有全新的解读和创新的翻译，赞赏译本配备丰富的注释，普通读者则更喜欢语言流畅、符合西方阅读审美需求的译本。

---

① Moran, P. E. *Three Smaller Wisdom Books: Lao Zi's Dao De Jing, The Great Learning (Da Xue), and the Doctrine of the Mean (Zhong Yong)* [M]. New York: University Press of America, 1993: v.

② Norden, B. W. Van. Book Reviews [J]. *Dao: A Journal of Compartive Philosophy*, 2008(7): 103-106.

③ Li Chenyang. Zhong Yong as Grand Harmony: An Alternative Reading to Ames & Hall's *Focusing the Familiar*[J]. *Dao: A Journal of Comparative Philosophy*, 2004(2): 173-188.

1960—2010年期间《中庸》的传播主体为哲学家、学者等知识分子，他们当中既有华裔西方学者，也有英语世界本土学者，他们注重运用最新研究成果解读《中庸》，倾向于从自己的学术视域出发，重新解读或解构经典，传递《中庸》新义。本阶段的传播形式也更加多元化，除了纯文字的纸质媒介以外，还出现了以图像化为特点的绘画本译本，简化了《中庸》深奥抽象的思想意义，体现出寓教于乐的特点，凸显了《中庸》传播的普及意识。在出版方面则呈现多层次、多方位的《中庸》出版路径，既有以学术研究为导向的出版路径，也有以普及读者文化意识为导向的出版支持，以使更广泛的读者群体得以接触、了解和认识中国儒学思想。在接受方面，《中庸》研究呈现多元化态势，从中西哲学对比、精神分析、经济学和物理哲学、社会学等视角分析《中庸》与社会各个方面的关系与意义。普通读者和专业读者都对《中庸》译本持积极辩证的态度，专业读者更倾向于富有创新意义的《中庸》译本，普通读者则更偏向语言流畅、符合阅读审美需求的译本。

第五章 总 结

第一节 《中庸》在英语世界的传播与接受

通过梳理和分析200年以来《中庸》在英语世界的传播与接受，可以发现《中庸》在英语世界的传播与接受主要基于原文作品—译介—接受的逻辑路径，通过翻译《中庸》使其在英语世界得到传播，并为读者阅读和接受。根据译本的出版年代、译者身份、译本特色及其他相关因素，《中庸》的传播与接受大致可分为三个阶段，即1820—1900年，1900—1960年，1960—2010年，这三个阶段的特点可归纳和总结如下：

1. 借助英译《中庸》，推进基督教传教事业的发展。柯大卫、理雅各身为来华传教士，同时也是东学西渐的践行者，率先将《中庸》及其他汉语典籍传播至英语世界，他们的《中庸》翻译活动深刻地烙印上其所持有的宗教立场与思想。他们一方面在中国传播基督教教义，广泛吸纳本土民众笃信基督教；另一方面积极培养本土年轻传教士，认为他们更熟悉本土文化，更能够以适合本土民众的方式传播基督教教义，让基督教教义为更多的当地人接受，让传教事业源远流长。英译《中庸》及其他汉语典籍既能帮助来华或即将来华的传教士学习中国哲学，了解中国思想文化，以更好地迎合本土人的思想文化需求传播基督教教义，同时有利于帮助中国学生学习英语，提高英语感受力，从而更深入地认识《圣经》，培养基督教传播事业的接班人。因此，他们的《中庸》译本渗透了其宗教立场，更倾向于用基督教的思想诠释《中庸》及其他汉语典籍，以迎合他们所处时代读者的阅读需求。这段时期的《中庸》译本读者除了来华传教士、即将来华传教士和在华学习英文的中国学生（未来的传教士）之外，还有对中国哲学、中国文化有兴趣的学者和普通读者，普通读者更多地通过阅读译本，满足其对东方文化的好奇，从对汉字的文字形态到文字传达的内容形成一个基本的感性认识。专业读者则多从其学术立场和政治立场，甚至是宗教传播立场看待《中庸》英译。理雅各的《中庸》译本在英国学术界受到极高的推崇。

2. 以译介《中庸》为手段，以传播儒学思想为目的，促进人们反思现代文明的价值与意义。以辜鸿铭、林语堂、休中诚等为传播主体的译者经历了现代人类历史上的两次世界大战以及世界性经济危机，残酷的现实促使他们反思西方现代文明的本质，希望从儒家思想中吸取思想源泉，寻求新的精神出路。辜鸿铭通过英译《中庸》宣扬中国文明道德责任感是拯救世界的最佳良方，休中诚结合莱布尼兹的浪漫主义美学思想探讨《中庸》的文明内涵，庞德透过《中庸》探讨新柏拉图哲学在现代文明中的意义，他们英译《中庸》具有强烈的译书致用的目的，希望借传播儒学思想，敦促人们反思现实，寻找新的精神寄托。本阶段《中庸》出版社不再单一，呈现以英国为中心，辐射至美国和加拿大，多家出版公司参与的态势，汉语典籍开始获得西方出版界的关注。读者对待本阶段《中庸》译本的反映较为多元化，有欣赏也有质疑。专业读者对译文的忠实度、术语翻译、文体风格、注释等提出更高要求，普通读者则更关注译本的叙述方式、语言表述、译文可读性等，无论是专业读者还是普通读者都对本阶段的《中庸》译本持积极肯定的态度。

3. 注重对《中庸》进行全新解读，探究其蕴涵的新的哲学意义。以翟楚与翟文伯、陈荣捷、安乐哲、浦安迪、莫兰等为代表的《中庸》传播主体，更倾向于从中西哲学对比视阈译介和研究《中庸》，反思儒家思想与西方哲学思想的异同，深度解析《中庸》思想与现代生活的关系，探究中国儒家哲学的新意义。他们宣扬译者主体性，提倡多角度、多层次地解读经典，注重核心术语英译，不提倡译本的唯一标准，为全方位解析《中庸》及其他汉语典籍开拓了新的视野。本阶段《中庸》传播形式倾向于多元化，不仅有以出版学术研究成果、推广经典作品为导向的知名出版社参与，还有以普及儒学知识、面向普通读者的新兴出版社积极参与，不仅有纯文字的纸质版《中庸》译本，还出现了绘画本、电子媒介读物等形式，充分体现了信息时代媒体的互动性、快捷性、多元性和大众性的特点，共同推动《中庸》在英语世界的传播。在《中庸》接受方面，英语世界学术界对于《中庸》研究成果虽然不很丰富，但是研究视角呈现多元化态势，从中西哲学对比、精神分析、经济学和物理哲学、社会学等视角分析《中庸》与西方哲学、现代社会和生活的关系等。本阶段专业读者注重译本的创造性解读与翻译、译本注释的丰富性、术语英译、文字的流畅度等，普通读者则更关注译本的语言表达与可读性等方面。总体而言，读者的评价大多积极肯定，态度辩证客观。

纵观200年以来《中庸》在英语世界的传播与接受，还可以发现一个十分突出的特点，即《中庸》译者都十分注重对注释、引言、附录等的运用，译者为每一个译本写作了详尽细致的解释性内容，这对于经典传播具有十分重要的作用。从佛经在中国的传播开始，注释就成为对经典进行注解的必要工具，正是经过解释，佛经才能为中国民众接受，才能在中国生根发芽。同样，当《圣经》在世界各地传播时，解释也成为了一个必要的路径，通过解释《圣经》才能为拥有不同文化背景的民众理解和接受。自《中庸》由传教士传播至英语世界开始，注释、注评、序言、前言、附录成为英译《中庸》及其他汉语典籍的一个重要的工具，这种在译本中“添加各种注释、评注、术语表和长篇序言，将目的语文本置于丰富的文化和语言环境中”①的深度翻译方法，为读者提供了丰富的解释性内容，极大地减少了读者在阅读过程中产生的文化障碍，不

① 宋晓春．论典籍翻译中的“深度翻译”倾向——以21世纪初三种《中庸》英译本为例[J]．外语教学与研究(外国语文双月刊)，2014(6)：939.

仅丰富了原文的意义，也成为了译者抒发其思想的平台，有利地促进了《中庸》在英语世界的传播与接受。

第二节　关于汉语典籍对外传播与接受的几点思考

通过对200年以来《中庸》在英语世界的传播与接受的梳理与探究，笔者认为汉语典籍对外传播应该注重以下几个方面的建设：

1. 增强汉语典籍译本语料库建设意识。汉语典籍外译经历近250年，国内外出版公司先后出版了多部汉语典籍译本，但缺乏系统的收集和整理，至今国内尚无权威汉语典籍外译本语料库，这应当引起关注和重视。应集合各方力量，收集已出版的国内国外汉语典籍外译本，依照不同时期、不同国别、不同类别等，将其归类、整理、入库，形成一个全面的汉语典籍文库，“有助于厘清中国文化外传的历程与特点”①，促进汉语典籍外译史的研究。

2. 重视对汉语典籍译者、译作进行全面系统的研究。现有的典籍对外传播相关研究大多集中于微观描述，如对某一位译者或某一部译作的研究，或对某几位译者的某一部作品的横向对比研究，缺乏从宏观视角对典籍译者和译作进行纵向梳理和深入分析，有点而无线，难以形成一幅连贯完整的画卷。汉语典籍翻译活动的生成和发展受多种因素影响，其中译者和译作是汉语典籍对外传播的两个极为重要的环节，译者作为“翻译的主体，其教育程度、个人学养、治学态度、价值观、思维方式等都会对典籍英译作品产生决定性的影响”②，没有译者对原文的译介，典籍传播犹如无源之水、无本之木，译者作为连接汉语文化与西方文化的重要桥梁，也是极为重要的传播者，对译者的翻译思想、翻译路径与策略，对译作生成和发展的思想文化背景(包括政治、经济、文

① 杨静．从中西翻译史研究现状看中国典籍英译史的研究方向[J]．外语教学，2016(3)：111.

② 裘禾敏．典籍英译与中国文化走出去[J]．出版发行研究，2014(7)：82.

化、道德等)进行纵向研究，对于典籍传播的研究具有重要的意义。

3. 拓展思路，包容并进，加强跨学科交流与合作。汉语典籍对外传播与接受研究长期以来主要由国内外语界学者承担，鲜见国外学者参与，更缺乏与其他学科学者的联合共研，研究成果呈现随意性和零散性，没有形成系统的研究。就合作而言，首先应创造相应平台，为国内典籍英译者提供交流与合作的机会，达成共识，制定近期、中期、远期规划，做好典籍译本整理工作。其次，应积极开展跨学科合作，加强与相关学科专家，如历史学、哲学、文学、政治学等专家的交流和沟通，可从历史学角度纵向梳理、整理、归类相关史料，还可以从哲学、文学、政治学等角度横向深入分析典籍译者与译著的历史文化背景，实现点、线、面结合，合力探究汉语典籍传播与接受。再次，应加强与国外学者的交流与合作，特别是具有深厚汉语修养的西方哲学家、史学家、汉学家等，他们通常学贯中西，研究视角独特，具有极强的跨文化交际意识，对于汉语典籍对外传播与接受的研究具有独到的见解，国内国外学者、跨学科专家应携手推进汉语典籍对外传播研究。

4. 加强对目的语读者的接受研究。汉语典籍对外传播与接受中一个重要元素是目的语读者对于典籍译本的期待、理解、认识与态度。汉语典籍译本读者有多种层次、多种分类，依照语种掌握水平，可以分为“英语为母语的读者”“英语为通用语的读者”“英语为外国语的读者”等；依照专业素养，可以分为“专业读者”“普通读者”等；依照教育程度，可以分为“高等教育读者”“中等教育读者”“初等教育读者”①，以及初等教育以下读者等，全方位、多角度地调查和分析不同层次目的语读者的典籍阅读期待、阅读感受、阅读审美评价等对于汉语典籍对外传播具有积极和重要的反馈意义，为典籍译本文体风格选择、注释附录等副文本拓展、出版风格改进等方面提供积极和重要的参考意见，从而促进汉语典籍对外传播与接受的研究。

---

① 裘禾敏．典籍英译与中国文化走出去[J]．出版发行研究，2014(7)：83.

汉语典籍对外传播与接受研究是一项庞大复杂的系统工程，需要展开多方面、多层次的合作与交流，涵盖译本语料库建设、译者译作分析、国内外专家学者沟通与交流、目的语读者阅读期待、审美评价等多种因素，随着国家资助的"大众化文库""经典中国对外出版工程""中国图书对外推广计划""中国文化著作翻译出版工程"的相继建成与开展，有理由相信目前这种随意性、主观性较强的研究会逐渐转为系统、全面、整体化的研究，成为中国文化"走出去"的一个闪光点。

参考文献

[1] Ames, R.T & Hall, D.L. *Focusing the Familiar: A Translation and Philosophical Interpretation of the Zhongyong* [M]. Honolulu: University of Hawai'i Press, 2001.

[2] Cheng Lin. *The Four Books — Confucian Classics* [M]. In "Ancient Chinese Classics Series", the World's Encyclopedia Institute, China Section.上海:世界图书公司, 1948.

[3] Ch'u Chai & Winberg Chai. *The Sacred Books of Confucius and Other Confucian Classics*[M]. New York: Bantam Books Inc., 1965.

[4] Collie, D. *The Chinese Classical Work Commonly Called the Four Books* [M]. London: The Mission Press, 1828.

[5] Gardner, D. K. *The Four Books: The Basic Teachings of the Later Confucian Tradition* [M]. Indianapolis: Hackett Publishing Company, 2007.

[6] Gardner, D. K. Book Review on *Centrality and Commonality: An Essay on Chung-yung* by Tu Wei-ming[J]. *Philosophy East and West*, 1978 (2).

[7] Hughes, E.R. *The Great Learning & The Mean-in-Action Newly Translated from the Chinese, with an Introductory Essay on the History of Chinese Philosophy*[M]. London: J.M. Dent Sons Ltd., 1942.

[8] Ku Hung Ming. *The Universal Order or Conduct of Life: A Confucian*

Catechism [M]. Shanghai:The Shanghai Mercury Ltd.,1906.

[9]Ku Hung Ming.*The Conduct of Life or the Universal Order of Confucius:A Translation of One of the Four Confucian Books, Hithero Known as the Doctrine of the Mean* [M].London: John Murray, 1908.

[10]Legge, H. E.*James Legge: Missionary and Scholar* [M]. London: The Religious Tract Society,1905.

[11] Legge, James. *The Chinese Classics with a Translation, Critical and Exegetical Notes, Prolegomena, and Copious Indexes* (Volume I)[M]. 台北:南天书局,1991.

[12]Li Chenyang. Zhong Yong as Grand Harmony: An Alternative Reading to Ames & Hall's *Focusing the Familiar* [J]. *Dao: A Journal of Comparative Philosophy*, 2004(2).

[13]Lin Yutang.*The Wisdom of Confucius* [M]. New York:Random House, 1938.

[14]LittleJohn, R. The Giant Forge and the Great Ironsmith:Revisiting the Implications of *Wu Xing* 五行 Physics of the *Zhongyong*《中庸》[J]. *Dao: A Journal of Compartive Philosophy*, 2004,6(2).

[15] Lyall, L.A.& Chien-kun, King.*The Chung-Yung or The Centre, The Common*[M]. London:Longmans, Gree and Co. Ltd., 1927.

[16]*Missionary Register* [M]. London: P. S. Seeley&Sons, 1828.

[17]Moran, P.E. *Three Smaller Wisdom Books:Lao Zi's Dao De Jing, The Great Learning (Da Xue) and the Doctrine of the Mean (Zhong Yong)* [M]. New York: University Press of America, 1993.

[18] Mundy, J.*Introducing Translation Studies*[M]. London: Routledge, 2001.

[19] Norden, B. W. Van. Book Review on *The Four Books: The Basic Teachings of Later Confucian Tradition* by Daniel K. Gardner [J]. *Dao: A Journal of Compartive Philosophy*, 2008(7).

[20] Nuyen, Tuan. *Chungyung* and the Greek Conception of Justice [J]. *Journal of Chinese Philosophy*, 1999(2).

[21] Plaks, A. *Ta Hsüeh and Chung Yung* (*The Highest Order of Cultivation and On the Practice of the Mean*) [M]. London: Penguin Books, 2003.

[22] Pound, E. *Confucius: The Great Digest & The Unwobbling Pivot* [M]. London: Peter Owen Limited, 1951.

[23] Rustomjee, S. Traversing the Psychoanalytic Pathway: From Phobias to *Chung Yung* — The Confucian Golden Mean [J]. *Group Analysis*, 1997.

[24] Sim, M. Harmony and the Mean in the *Nichomachean Ethics* and the *Chung Yung* [J]. *Dao: A Journal of Compartive Philosophy*, 2004(2).

[25] Stichler, R. N. Interpreting the *Zhongyong*: Was Confucius a Sophist or Aritotelian? [J]. *Dao: A Journal of Compartive Philosophy*, 2004(2).

[26] Tak-sing Cheung, Hoi-man Chan, Kin-man Chan, Ambrose Yeo-chi King. On *Zhongyong* Rationality: The Confucian Doctrine of the Mean as a Missing Link Between Instrumental Rationality and Communicative Rationality [J]. *Asian Journal of Social Science*, 2003.

[27] Wang Songlin. I. R. Richards and Wu Mi: Basic English, Vernacular Chinese, and *Chung Yung* [J]. *Cambridge Quarterly*, 2012(1).

[28] Wing-Tsit Chan. Book Reviews [J]. *Philosophy East and West*, 1951(1, 3).

[29] Wing-Tsit Chan. *A Source Book in Chinese Philosophy* [M]. Princeton: Princeton University Press, 1969.

[30] 安乐哲,郝大维. 切中伦常:《中庸》的新诠与新译[M].彭国翔,译. 北京:中国社会科学出版社,2011.

[31] 蔡志忠绘.Bruya, B 译. 大学·中庸[M]. 北京:现代出版社,2006.

[32] 杜维明.《中庸》洞见[M]. 段德智,译.北京:人民出版社,2008.

[33] 傅云龙,蔡希勤编注,何祚康译.《中庸》精华本[M]. 北京:华语教学出版社,2006.

[34]郭磊. 首位《四书》英译者柯大卫的生平诸事考述[J]. 北京行政学院学报, 2013(6).
[35]辜鸿铭. 辜鸿铭文集[M]. 黄兴涛,译.海口:海南出版社,1996.
[36]侯健. 相遇在濠梁之上:再论安乐哲与郝大维的《中庸》英译[J]. 外国语,2016(1).
[37]江晓梅.《中庸》核心概念“天”的英译对比分析[J]. 湖北大学学报(哲学社会科学版),2013(6).
[38]江晓梅.《中庸》“诚”概念及其英译比较分析[J]. 中华文化论坛,2015(2).
[39]江晓梅.《中庸》英译研究——基于理雅各、辜鸿铭、休中诚、陈荣捷、安乐哲和郝大维译本的分析[M]. 武汉:武汉大学出版社,2016.
[40]李鍌,刘正浩,邱燮友,谢冰莹. 新译四书读本[M]. 台北:三民书局,1964.
[41]罗新璋. 翻译论集[M]. 上海:商务印书馆,1984.
[42]钱桂荣,钟克万. 辜鸿铭英译儒经研究:回顾与展望[J]. 武汉大学学报(人文科学版),2010(6).
[43]裘禾敏.典籍英译与中国文化走出去[J]. 出版发行研究,2014(7).
[44]宋晓春. 阐释人类学视阈下的《中庸》英译研究[D]. 湖南大学,2014.
[45]宋晓春. 论典籍翻译中的“深度翻译”倾向——以21世纪初三种《中庸》英译本为例[J]. 外语教学与研究(外国语文双月刊),2014(6).
[46]宋晓春. 论辜鸿铭《中庸》英译本中道德哲学的建构[J]. 湖南大学学报(社会科学版),2017(1).
[47]谭晓丽,吕剑兰. 安乐哲中国哲学典籍英译的国际译评反思[J]. 南通大学学报(社会科学版),2016(6).
[48]王辉. 辜鸿铭英译儒经的文化用心——兼评王国维“书辜氏汤生英译《中庸》后”[J]. 外国语言文学(季刊), 2006(3).
[49]王辉. 后殖民视域下的辜鸿铭《中庸》译本[J]. 解放军外国语学院

学报,2007(1).
[50]杨静. 从中西翻译史研究现状看中国典籍英译史的研究方向[J].外语教学,2016(3).
[51]杨静. 美国二十世纪的中国儒学典籍英译史论[D]. 河南大学,2014.
[52]殷丽. 翻译批评主体的视角差异性研究——以王国维、林语堂对辜氏《中庸》译本的批评为例[J]. 外语研究,2014(4).
[53]周建新. 庞德翻译观探析[M]. 东北师大学报(哲学社会科学版),2011 (4).
[54]朱熹. 四书集注[M].长沙:岳麓书社,2004.
[55]http://kns.cnki.net/kns/Visualization/VisualCenter.aspx.
[56]https://www. amazon. com/Wisdom-Confucius-Modern-Library-No/product-reviews/B000WA3G72/ref = cm_cr_dp_d_show_all_btm? ie = UTF8&reviewerType = all_reviews.
[57]https://www.amazon.com/Confucius-Unwobbling-Pivot-Digest-Analects/product-reviews/0811201546/ref=cm_cr_dp_d_show_all_btm? ie = UTF8&reviewerType = all_reviews.
[58]https://www. amazon. com/Ta-Hsueh-Chung-Yung-Cultivation/product-reviews/0140447849/ref= cm_cr_dp_d_show_all_btm? ie = UTF8&reviewerType = all_reviews.
[59]https://www. amazon. com/Focusing-Familiar-Roger-T-Ames/dp/0824824601/ref= sr_1_4? s = books&ie = UTF8&qid = 1549412531&sr = 1-4&keywords = zhongyong.
[60]https://www. amazon. com/Four-Books-Teachings-Confucian-Tradition/dp/0872208265/ref = sr_1_6? s = books&ie = UTF8&qid = 1549412848&sr = 1-6&keywords = daniel+k++gardner.

后　　记

从选题立项至本书完成，历时近四年，相关研究资料异常匮乏，写作过程十分艰难，甚至可以用举步维艰来形容。曾多次想放弃，最终还是由于不舍初心，坚持了下来。《中庸》作为儒家思想的一部重要著作，其在英语世界的传播与接受的确是值得探究的，但是由于笔者才疏学浅，加上资料收集异常艰难，很多问题只能是浅尝辄止，还有太多的疑问没有得到解答，有些部分甚至写得很仓促，存在太多的遗憾。这本小书只能算是一个问路之石，期待今后与同仁们共同努力探究汉语典籍对外传播与接受之历程。

本书为湖北省教育厅人文社科研究项目"《中庸》在英语世界的传播与接受"研究成果，本书的出版获得湖北大学外国语学院科研基金资助，在此表示衷心感谢。